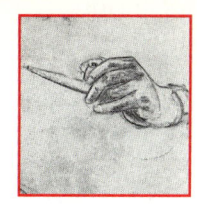

W0097655

rowohlts monographien
begründet von Kurt Kusenberg
herausgegeben von Wolfgang Müller
und Uwe Naumann

ro
ro
ro

# Siegfried Kracauer

Dargestellt von Momme Brodersen

Rowohlt Taschenbuch Verlag

Umschlagvorderseite: Siegfried Kracauer, um 1930
Umschlagrückseite: Schutzumschlag der Erstausgabe von
«Die Angestellten», 1930
Siegfried Kracauer. Karikatur aus dem Berliner «Film-Kurier»,
Nr. 294 vom 13. Dezember 1930, 2. Beiblatt

Seite 3: Siegfried Kracauer, 1934. Porträtzeichnung
seines Schwagers Hanns Ludwig Katz
Seite 7: Siegfried Kracauer, um 1960. Porträtzeichnung
von Benedikt Fred Doblin

*Originalausgabe*
*Veröffentlicht im Rowohlt Taschenbuch Verlag*
*GmbH, Reinbek bei Hamburg, November 2001*
*Copyright © 2001 by Rowohlt Taschenbuch Verlag*
*GmbH, Reinbek bei Hamburg*
*Alle Rechte an dieser Ausgabe vorbehalten*
*Umschlaggestaltung Ivar Bläsi*
*Redaktionsassistenz Katrin Finkemeier*
*und Martina Bergmann*
*Reihentypografie Daniel Sauthoff*
*Layout Gabriele Boekholt*
*Satz* PE Proforma *und* Foundry Sans *PostScript,*
*QuarkXPress 4.1*
*Gesamtherstellung Clausen & Bosse, Leck*
*Printed in Germany*
*ISBN 3 499 50510 X*

*Die Schreibweise entspricht den Regeln*
*der neuen Rechtschreibung.*

# INHALT

# Vaters Havelock hüllte alles ein

## Kindheit und Jugend
## in Frankfurt a. M.: 1889–1907

Siegfried Kracauer kam am 8. Februar 1889 in Frankfurt am Main zur Welt. Was ihm die Stadt bedeutete, welche Erfahrungen er in ihr sammelte und in welchem Maß sie ihn prägte, das hat er, bündiger als in allen autobiographischen Schriften, in einer kleinen Erzählung aus dem Jahr 1929 festgehalten. Auf ziellosen Streifzügen habe er Frankfurt kennen gelernt, und dabei ein *wechselndes Wandelpanorama von Bildern* gewonnen. Zu dessen besonderem *Merkmal* gehörte, dass es ihn stets *aus dem Dunkel in die Helle* führte. An diesem Ort habe *der Nebel* so überhaupt *keine Macht* besessen. Frankfurt sei, so heißt es in dieser Retrospektive des mittlerweile Vierzigjährigen, *alles andere eher als ein weltstädtisches Zentrum,* doch sein Reiz bestehe gerade darin, in dieser Beschränktheit, *so gar nicht kleinstädtisch* zu sein.[1]

Abwechslung, Helle und Weltoffenheit, gepaart mit Geborgenheit und Wärme, wie sie in den zarten und liebevollen Beschreibungen dieser kleinen Aufzeichnung mit dem Titel *Einer, der nichts zu tun hat* mitschwingen, hat Kracauer in den ersten Lebensjahren freilich weitgehend entbehren müssen. Denn zunächst lernte er die Stadt von ihrer weniger einnehmenden Seite her kennen. Sein Geburtshaus stand in der Elkenbachstraße 18 im Frankfurter Norden, mithin in einem jener Viertel, die für das vermögende und in der Stadt bestimmende Bürgertum aus dem Westend *kaum in Betracht*[2] kamen. Hier lebten vornehmlich kleine Leute: Arbeiter, Angestellte und Gewerbetreibende wie jener Holzhändler, auf dessen Geschäftswohnung im Hinterhof der Blick aus dem bescheidenen Domizil der Kracauers fiel.

Der Vater, Adolf Kracauer (1849–1918), schlug sich als Tuch-
händler und Reisender mehr schlecht als recht durchs Leben.
Zwar handelte er mit *feinster englischer Ware*, doch selbst konnte er
sich diese wohlfeilen Stoffe nicht leisten. Im Bild, das sein Sohn
noch in späteren Jahren zeichnete, bleibt kaum ein gutes Haar an
ihm. Des Vaters *Havelock*, jener ärmellose, lange Herrenmantel, habe, so heißt es in dem stark autobiographisch gefärbten Roman
*Ginster* aus dem Jahre 1928, *das ganze Elternhaus eingehüllt. Unter
ihm lebte die Mutter, kaum dass sie die vertragene Hülle manchmal zu
lupfen vermochte – ins Freie konnte sie nicht.* Sie sei eine Gefangene
ihrer Rolle als Mutter und Ehefrau gewesen; sie räumte auf, koch-
te und war auch sonst dem Gatten stets zu Diensten. Diese Hin-
gebung wurde ihr jedoch kaum einmal durch Wärme und Zunei-
gung entgolten. Allenfalls *wenn das Fleisch einmal gut geriet […],
erheiterte sich der Ehemann,* um bei der Gelegenheit dann *die paar
Witze* zu erzählen, *deren Pointe er* allerdings *immer versäumte.* Als-
bald aber zog wieder *wie eine Wetterwolke* der Havelock herauf,
und *das Wohnzimmer verfinsterte sich. Die Gewitter fuhren* durch die
Räume und riefen dann selbst beim Kind nur einen Wunsch herauf: «Ich wollte», so äußerte es dem Vater gegenüber, «du wärest
wieder fort.»[3] Dieses Porträt eines meist missmutigen, schon in die

Jahre gekommenen Herrn, der bei seinen seltenen Aufenthalten zu Hause die Familie tyrannisiert, wird der Person des Vaters nur in einzelnen Zügen gerecht.

Adolf Kracauer hatte ein alles andere als leichtes Leben. Zwar stammte er nicht aus armen Verhältnissen. Dass sein Vater Saul (1804–?) zeitweilig im Synagogenvorstand seines schlesischen Heimatortes Sagan (heute Zagan) saß, lässt eher auf gesicherte ökonomische Verhältnisse schließen. Doch nach dessen frühem Tod lag alle Verantwortung für das Wohl der kinderreichen Familie auf den noch jungen Schultern des ältesten Sohnes. Er wurde Kaufmann und ermöglichte damit u. a. seinem jüngeren Bruder Isidor (1852–1923) das Studium. Sein ganzes Leben bestand aus einem ständigen Wechsel von Wohn- und Arbeitsort. Nach einem fünfjährigen Militärdienst in Posen verschlug es ihn zunächst nach Breslau; wenig später war er dann als Handelsreisender in Luckenwalde tätig, danach in Aachen und schließlich im belgischen Verviers. Gegen Ende der achtziger Jahre des 19. Jahrhunderts gelangte er nach Frankfurt am Main, wo er 1888 Rosette Oppenheim(er) ehelichte, deren Schwester Hedwig (1862–1942) bereits einige Jahre zuvor seinen Bruder Isidor geheiratet hatte. Die letzten dreißig Jahre seines Lebens – Adolf Kracauer starb am 9. Juli 1918 – arbeitete er für eine Pariser Tuchfirma.

Dieses unstete Leben sowie eine nicht gerade rosige finanzielle Situation ließen nur schwerlich eine Atmosphäre äußerer Zufriedenheit und innerer Ausgeglichenheit aufkommen. Genau diese Bedingungen aber nahm sein Sohn Siegfried kaum einmal wahr. In seiner Erinnerung verflüchtigen sich die zärtlichen Begegnungen, bilden bloße Episoden. Zu solchen Ausnahmen gehörten die Momente

9

väterlicher Tagträume, beispielsweise auf sonntäglichen Spaziergängen durch das Frankfurter Westend. Dann *verweilte* er gelegentlich vor den hochherrschaftlichen *Villen und schätzte sie ab.* «*Dieses Haus muß mindestens zehn Zimmer haben [...]; dann noch [...] der schöne Garten. Es wird kosten [...] sechstausend Mark Miete [...], wahrscheinlich mehr. [...] Die Zimmer sind heller als unsre. Nach hinten zu ist sicher eine große Veranda angebaut. Wenn wir die Villa hätten, könnte ich bei warmem Wetter im Lehnstuhl auf der Veranda liegen.*» Nach solchem *Aufenthalt in Häusern, die er niemals betrat,* hätte der Sohn am liebsten zu ihm *unter den Havelock* schlüpfen mögen und *ihn streicheln, weil er so trüb an den Villen vorbeistrich.*[4]

Siegfried Kracauers Mutter Rosette (1867–1942)[5] stammte zwar nicht aus dem reichen Westend, war aber wenigstens eine echte Frankfurterin. Ihr Vater, Falk Aron (1832–1914), genannt Ferdinand Oppenheim, besaß ursprünglich ein Textilgeschäft und arbeitete später als Börsenmakler in der Main-Metropole. Rosette Oppenheim hatte insgesamt sechs Geschwister, doch lediglich zu einer ihrer vier Schwestern – Hedwig – unterhielt Siegfried Kracauer zeitlebens enge Beziehungen. Von den übrigen Onkeln und Tanten hingegen erfährt man kaum etwas aus seinen Schriften. Die zurückhaltende, fast unscheinbare Mutter trat nur selten aus dem Schatten ihres Ehemannes heraus. Sie erwies sich als allzu *ungeschickt im Umgang mit Menschen,* und überdies lastete *der Havelock* einfach *zu schwer* auf ihr. So hat sie in den literarischen Erinnerungen ihres Sohnes kaum Profil, geschweige denn, dass sie darin ein einnehmendes Wesen gewänne – was selbstverständlich auch mit den Ver-

Die Mutter: Rosette Kracauer, geb. Oppenheim (1867–1942)

hältnissen ihrer Zeit zusammenhängt: Eine Mutter und Ehefrau hatte für gewöhnlich nichts zu sagen und erst recht nichts zu lachen. Als Subjekt mit eigener Individualität trat sie daher überhaupt nicht in Erscheinung. Rosette Kracauer ging derart im Leben ihres Mannes auf, dass sie nach dessen Tod keinen wirklichen Sinn mehr im eigenen Weiterleben entdecken mochte: *Grundlos erklärte sie mitunter, gerne sterben zu wollen; auch wenn sie vergnügt war und lachte.*[6]

Vor dem Hintergrund ihrer unterschiedlichen geographischen Herkunft könnte man vermuten, Kracauers Eltern hätten noch gewisse Gegensätze zwischen traditionsbewusstem Ost- und assimiliertem Westjudentum repräsentiert. Und vor allem dieser Tatsache sei dann die zeitlebens wechselnde, ja beinahe ambivalente Haltung ihres Sohnes der jüdischen Herkunft und Überlieferung gegenüber zuzuschreiben. Allem Anschein nach aber pflegte man in seinem Zuhause ein eher weltliches Verhältnis zum Judentum. Diese Vermutung legen jedenfalls einige Tagebucheintragungen des jungen Kracauer nahe. Sie enthalten eine ganze Reihe ebenso gleichgültiger Bemerkungen wie Schilderungen, die darauf schließen lassen, man habe es mit den Regeln und dem Geist höchster jüdischer Feiertage nicht allzu genau genommen. Lapidar vermerkt dieses Diarium beispielsweise unter dem 17. September 1907, dass er sich *natürlich wegen des Jom Kip[p]ur freigemacht* habe – um *Kant* zu lesen! Danach habe mit dem Großvater *das übliche Jom Kip[p]ur-Essen* stattgefunden, und anschließend sei man in die *Synagoge* gegangen. Zusammenfassend haken diese Aufzeichnungen – Beleg einer weitgehenden Indifferenz – das hohe Ereignis jedoch als völlig *nutzlose[n] Tag*[7] ab. Später, nach dem Ersten Weltkrieg, als ostjüdische Flüchtlinge u. a. nach Frankfurt gelangten und zurückgekehrte Soldaten geradezu enthusiastische Berichte über ihre Eindrücke und Erfahrungen in osteuropäischen Schtetln veröffentlichten (zu den meistgelesenen dieser Art gehörte «Das ostjüdische Antlitz» Arnold Zweigs, erschienen 1920 im Berliner Welt-Verlag[8]), wurde auch Kracauer das Judentum – wenigstens vorübergehend – *zur geistigen Mitte*[9] seiner Existenz. Die Rückbesinnung auf die eigenen Ursprünge und die jüdischen Traditionen wurde ein wichtiger Orientierungspunkt im Meer seiner weit

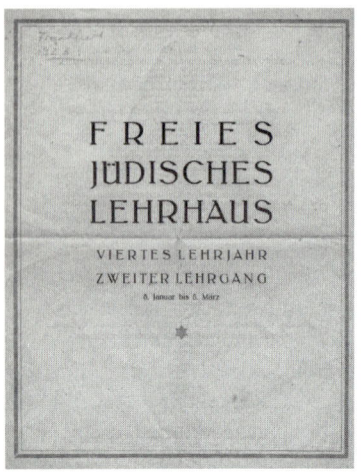

FREIES
JÜDISCHES
LEHRHAUS

VIERTES LEHRJAHR
ZWEITER LEHRGANG

8. Januar bis 5. März

Programm des Freien Jüdischen Lehrhauses in Frankfurt a. M.

verzweigten Interessen und Aktivitäten. In diesen Jahren zwischen (November-)*Revolution und Inflation*, als auch Kracauer *eine Behausung* suchte, die ihn *vor der Leere draußen schütze*[10], gehörte er zu den Gefolgsleuten des charismatischen Rabbiners Nechemia Anton Nobel. In dessen Kreis begegnete er mit Leo Löwenthal, Erich Fromm und Ernst Simon einigen jungen Intellektuellen, mit denen er zeitweilig auch engagiert am neu gegründeten «Freien Jüdischen Lehrhaus» seiner Heimatstadt zusammenarbeitete. In späterer Zeit überwiegt dann wieder eine gewisse Distanz mehr oder minder allem Jüdischen gegenüber, insbesondere aber gegenüber dem Zionismus sowie dem «Gefühls»- bzw. Kulturjudentum. Allerdings brachte sie Kracauer nicht dazu, aus der jüdischen Gemeinde auszutreten oder gar zu konvertieren.

Nechemia Anton Nobel (1871 – 1922): «Auch mich erschüttert der plötzliche Tod dieses Mannes unbeschreiblich, denn ich habe ihn verehrt und geliebt […].»
Siegfried Kracauer an Leo Löwenthal, 24. Januar 1922

In scheinbarem Widerspruch zu seiner kleinbürgerlichen Herkunft erfuhr Siegfried Kracauer eine Ausbildung, die eher der von Kindern aus besserem Hause entsprach. Die Mittelschichten generell und insbesondere die deutschen Juden maßen der intellektuellen Formation eine besondere Bedeutung bei. Durch Bildung und Sittlichkeit – diesen seit Herder, Goethe und Wilhelm von Humboldt in literarischen, politischen und philosophischen Schriften immer wieder beschworenen Werten – grenzte sich das deutsche Bürgertum des 19. Jahrhunderts sowohl von den Unterschichten als auch von der Aristokratie ab. Für die Juden bildeten sie darüber hinaus eines der Eintrittsbilletts in die Gesellschaft, sie waren also Grundvoraussetzungen für den sozialen Aufstieg. Die wichtigste blieb jedoch die Taufe.

Wie die Mehrzahl der Kinder aus jüdischem Hause besuchte auch Kracauer ein Realgymnasium, also jenen Schultyp, der gegenüber dem humanistischen Gymnasium mehr Wert auf naturwissenschaftliche Ausbildung legte. Von 1898 bis 1904 war er Schüler des weit über die Stadtgrenzen hinaus bekannten «Philanthropin» der Israelitischen Gemeinde. An dieser Reformschule (mit Mädchenlyzeum) unterrichtete auch sein Onkel Isidor, der sich damals bereits einen Namen als Historiker des Frankfurter Judentums gemacht hatte.[II] Wie Briefe und Tagebücher zeigen,

Aber dann lächelte lieblich die Sonne Homer's über unserem Haupte und mit sehnsuchtsvollem Stammeln suchten wir sie zu erreichen. Doch wozu brauchen wir Homer?? – (verrückte Idee). Haben wir nicht den Rossmann-Schmidt, haben wir nicht die Kühn'sche Grammatik? Was brauchen wir mehr als Grammatik, als: Konjunktiv, / Composita, / Infinitiv, / Synonyma, / alles ist Grammatik, / und die ist sehr wichtig; / sie ist das Ding, / auf dem beruht die Welt, / sie ist der Ring, / der das Franz. zusammenhält. / Wer aber Grammatik nicht kann, / zu seinem großen Schmerz, / der wandre Friedrichstr. 5 / zum Herrn Professor Herz.

[…] einen Fuß vor, den andern mit Stampftritt nachziehn! Den ganzen Turnsaal hinunter.

Aus Kracauers Tagebuch, 1903

Siegfried Kracauer (Bildmitte) mit Schulkameraden, um 1907

erfuhr Kracauer vor allem durch ihn erste und entscheidende An-
stöße zu seinen literarischen und wissenschaftlichen Interessen.

Insgesamt besehen – doch dies ist beinahe ein Topos in den Erinnerungen Intellektueller aus seiner Generation – vermochte er
dem Unterricht dieser Institution ebenso wenig abzugewinnen
wie dem der Klinger-Oberrealschule, auf der er 1907 sein Abitur ab-
legte. Schon das früheste schriftliche Zeugnis, das uns von ihm
überliefert ist, ein Tagebuch aus dem Jahr 1903, steckt voller Invektiven gegen eine schulische Instruktion, zu deren Kennzeichen
ein fast militärischer Drill, demütigende Formen der Schulzucht,
Ablehnung alles Modernen im Literaturunterricht sowie kritiklo-
ses Einpauken von Lernstoffen zählten und die damit wesentliche
Bildungsziele verfehlte: nämlich *die Seelen* zu bilden, die *Phantasie*
zu fördern, *Einseitigkeit und [...] Halbbildung* vorzubeugen, wie es
schließlich der sechsundzwanzigjährige Kracauer formulierte.[12]

Neben abwertenden Notizen zu Schule und Lehrern finden sich in diesen frühen Aufzeichnungen zahlreiche Klagen über Einsamkeit und Sprachfehler, körperlichen Kleinwuchs und unschönes Aussehen.[13] Ausgeprägte Minderwertigkeitskomplexe überschatteten also die Existenz des jungen Kracauer; sie wecken beim heutigen Leser vor allem eine Assoziation: dass diesem Einzelkind mit seinem «uneuropäischen Gesicht» (Joseph Roth[14]), diesem Juden und Stotterer das ihm später mehrfach bescheinigte Außenseitertum[15] förmlich in die Wiege gelegt worden sei.

Trotz aller Benachteiligungen durch Herkunft und Lebensumstände – Kracauers Hartnäckigkeit und Ausdauer, sein schon früh ausgeprägter Wille, *es zu etwas zu bringen*[16], ließen ihn schließlich doch etwas werden. Und die Voraussetzung für eine viel versprechende berufliche Karriere bildeten bereits die insgesamt guten Schulnoten. Sein Abiturzeugnis bescheinigte ihm nicht nur Fleiß, sondern auch überdurchschnittliche Leistungen: «sehr gut» in Mathematik, Naturbeschreibung und Zeichnen sowie «gut» im verhassten Turnen, in Geschichte, Erdkunde und Physik. Im Deutschen bescheinigte ihm sein Lehrer «eine anerkennenswerte Gewandtheit im schriftlichen Ausdruck, gute Kenntnisse in der Literaturgeschichte und ein reifes Verständnis für ihre Meisterwerke»[17]. Lediglich das Erlernen der Fremdsprachen scheint dem Schüler einige Mühen bereitet zu haben. So erhielt Kracauer im Englischen und Französischen – Sprachen, in denen er einige seiner wichtigsten Arbeiten publizieren sollte – nur ein «genügend».

Bei dieser Gelegenheit bedauerte ich wieder, daß mir, als einem ehemaligen Oberrealschüler, die klassische Literatur nicht direkt zugänglich ist und daß man […] mich in meiner Jugend nicht schon mit ihrem Geist vertraut gemacht hat. […] Die Nützlichkeitsfanatiker vergessen ganz, daß in der Schule auch die Seelen gebildet werden sollen und zu diesem Ende das scheinbar Überflüssige oft gerade das Wertvollste ist. Die klassische Literatur erfüllt diesen Zweck in besonderem Maß, weil sie der Phantasie einen unendlichen Reichtum wundervoller Menschengestalten zuträgt und das Gemüt nach allen Seiten weitet. Ist erst einmal eine solche Grundlage vorhanden, so kann der fehlende Wissensstoff leicht ergänzt werden. Die wirklich humane Bildung beugt auch nach meinem Dafürhalten noch am ehesten der drohenden Einseitigkeit und der mit ihr verknüpften Halbbildung vor.

Siegfried Kracauer an den Altphilologen Otto Crusius, 1915

# Jeder gute Journalist hat ursprünglich ein anderes Handwerk ausgeübt

## Studienjahre und erste Berufs-Erfahrungen: 1907–1914

Als Kracauer dem Lokalredakteur Lawatsch, einem der Protagonisten seines postum erschienenen Romans *Georg*, die Bemerkung in den Mund legte, *jeder gute Journalist* habe *ursprünglich ein anderes Handwerk ausgeübt*, war das auch pro domo gesprochen. Und das gilt ebenso für den kurz darauf folgenden Zusatz: *Meistens sind Journalisten gescheiterte Existenzen.*[18] Beides traf auf den Verfasser dieses großartigen Panoramas der Weimarer Gesellschaft selbst zu. Ins kollektive Gedächtnis ist Kracauer als Journalist der legendären «Frankfurter Zeitung» eingegangen. Doch sein Werdegang war der eines Autodidakten und Seiteneinsteigers: Er führte über den Umweg eines bautechnischen Berufs. Als Architekt war er freilich gescheitert – weniger aus Unfähigkeit als vielmehr durch die Zeitumstände, die einem wie ihm kaum Chancen boten, sich im erlernten Metier zu bewähren.

Allerdings hat Kracauer die ursprüngliche Profession nie sonderlich geliebt. Dennoch sollte sie tiefe Spuren in seinem Denken und Schreiben hinterlassen: Die Planmäßigkeit, mit der er sich bisweilen seine Themen eroberte, erinnert ebenso sehr an geometrische Aufrisse wie gewisse Arbeiten ihrer Komposition nach Architekturzeichnungen ähneln. Wie ein roter Faden durchziehen die frühen autobiographischen Schriften Klagen über eine Beschäftigung, zu der er sich überhaupt nicht berufen fühlte. Viel lieber wäre er Philosoph oder Dichter, auf jeden Fall aber Schriftsteller geworden – möglicherweise auch aus der Überzeugung heraus, erst Bildung und Kultur vollendeten die Emanzipation der von der Mehrzahl ihrer Mitbürger ungeliebten deutschen Juden. Von solchen Katerideen wollten seine Eltern jedoch allem Anschein nach nichts wissen. Anlagen und Schulnoten ihres Sohnes ließen auf eine gewisse naturwissenschaftlich-technische Begabung schließen, weshalb sie ihn mit mehr oder minder sanftem Druck zum Architekturstudium überredeten. Ihre Haltung entsprach dabei der weit verbreiteten Ansicht, dass das Schreiben eine brotlose Kunst sei. Nur ein «ordentlicher», also praktischer Beruf nährte nach Meinung der Zeitgenossen den Menschen sicher und dauerhaft. Daher bestand man auch im Haus Kracauer *auf einem Broterwerb. Jeder Mensch habe einen Beruf,* und im Übrigen mache *das erste selbstverdiente Geld […] glücklich.*[19]

> Das praktische Arbeiten ist mir das Entsetzlichste, was ich mir jetzt denken kann. Ich halte es bei mir direkt für Zeitvertrödlung. Es macht mich müde u. unfähig zu ernster Arbeit u. produktivem Schaffen. Ich möchte immer schreiben, dichten.
> Mein Aerger war groß, mich wieder in die Architektur hineinzwingen zu müssen. Es galt, die Philosophie im Stich zu lassen […].
> **Aus Kracauers Tagebüchern, 1907 und 1918**

So schrieb sich Siegfried Kracauer im Sommersemester 1907 an der «Großherzoglichen Technischen Hochschule zu Darmstadt» ein, der ältesten Institution ihrer Art in Deutschland. Bei der Entscheidung, schon das folgende Halbjahr in Berlin zu studieren, dürfte Kracauers Wunsch, sich dem Einfluss und der Kontrolle der Eltern zu entziehen, eine entscheidende Rolle gespielt haben. Darmstadt lag einfach zu nah an Frankfurt, wohin er jedes Wochenende zurückzukehren hatte, und damit am Zuhause mit seiner Enge und stets gespannten Atmosphäre. Nicht von ungefähr heißt es im Tagebuch des Achtzehnjährigen: *Bei mir ist Alles so ekelhaft. Berlin, pfui! Und dabei vom Geld meines Vaters bezahlt! […] Nun aber Strich! Denn es winkt Berlin!* [20]

In der Reichshauptstadt hatte er Gelegenheit, neben seinem technischen Studium auch die Veranstaltungen in der Philosophischen Fakultät der «Königlichen Friedrich-Wilhelms-Universität» zu besuchen, insbesondere die Seminare und Vorlesungen des Extraordinarius Georg Simmel, der weit reichenden Einfluss auf Kracauers Denken und Schreiben ausüben sollte. Der Stadt selbst, in deren eher mondäne Welten – Theater, Cafés und Nachtlokale – ihn ein Bruder seiner Mutter, Julius Oppenheim, einführte, vermochte er nur wenig abzugewinnen. Die allzu vielen Menschen, die Masse überwältigender Eindrücke sowie die allgemeine Hektik des Alltags – das «Berliner Tempo» – verwirrten ihn nur. So blieb ihm das Labyrinth der Metropole vorerst undurchschaubar. Erst

Berlin-Mitte. Blick vom Turm des Roten Rathauses auf die Königstraße Richtung Nordost, um 1910

Jahre später, zunächst als häufiger Besucher, dann als Ansässiger – als er die Berliner Feuilleton-Redaktion der «Frankfurter Zeitung» leitete –, erschloss sich ihm die *Berliner Landschaft* auf zahllosen Entdeckungsreisen. Da erst nahm er die Millionenstadt in all ihren *Gegensätze[n]*, ihrer ganzen *Härte*, aber auch ihrer *Offenheit*, dem unvermittelten *Nebeneinander* von *Glanz* und Verfall wahr. Da erst ging ihm auf, dass *die Erkenntnis der Städte [...] an die Entzifferung ihrer traumhaft hingesagten Bilder geknüpft* sei.[21]

Während seiner Studienjahre jedenfalls fühlte sich Kracauer stärker von einem überschaubareren Ort angezogen: von München, wohin er im April 1909 übersiedelte, nach Ablegung seiner Diplom-Vorprüfung im Fach Architektur. Damals noch nicht «deutschnational entarte[t]» (Hans Harbeck), war München «eine Stadt mit tausend lebendigen Möglichkeiten»[22]. Überdies beherbergte sie in Schwabing noch die schreibende bürgerliche Avantgarde Deutschlands von Otto Julius Bierbaum zu Michael Georg Conrad, von den Gebrüdern Heinrich und Thomas Mann zu Erich Mühsam, von Frank Wedekind zu Karl Wolfskehl. So übte die Isarmetropole mit ihrer aufgeschlossenen kulturellen Atmosphäre sowie ihrer spürbaren menschlichen Wärme eine ungleich höhere Attraktivität auf Kracauer aus. *München*, so heißt es noch in einem Artikel aus dem Jahr 1932, hatte *so gut wie keine Arbeiter [...]. Hier waren Fabriken fern, hier drang nur das Land herein, das sich mit der bürgerlichen Bevölkerung seit Menschengedenken vermischte. Bürger aller Schattierungen bestimmten in Wahrheit den Geist der Stadt.*[23] In Bayern schloss Kracauer im August 1911 seine Ausbildung zum Diplomingenieur ab. Und hier sammelte er seine ersten beruflichen Erfahrungen: Von Januar 1912 bis Juni 1913 – unterbrochen durch eine fast zweimonatige Italienreise von September bis November 1912[24] – arbeitete er im Atelier der Architekten Theodor Veil und Gerhard Herms. Nach einem kurzen Frankfurter Intermezzo und seiner Promotion in Berlin[25] kehrte er dann im Juli 1914 noch einmal an die Isar zurück, um bis zum Jahresende für ein Ingenieur-Büro in der Wotanstraße tätig zu sein. Als sei der Name des germanischen Kriegsgottes ein Wink des Schicksals, wurde er dann ausgerechnet in München von jenem Ereignis überrascht, das sein und das Leben einer ganzen Generation nachhaltig verändern sollte: Im August 1914 brach der Erste Weltkrieg aus.

Verleihungsurkunde zum Diplomingenieur der Königlich Bayerischen Technischen Hochschule

Die Dissertation Siegfried Kracauers, 1915

# Fahnen versperren die Sicht

## August 1914

Schriften aus späterer Zeit lassen den Eindruck entstehen, Kracauer habe der allgemeinen patriotischen Begeisterung in den ersten Augusttagen des Jahres 1914 äußerst distanziert oder doch zumindest gleichgültig gegenübergestanden. Vor allem der 1928 erschienene Antikriegsroman *Ginster* legt diese Annahme nahe. In ihm wird das Bild eines weltfremden, wenig selbstsicheren jungen Mannes entworfen, den der Gefühlsüberschwang seiner Zeitgenossen zu Beginn des Völkerschlachtens völlig kalt lässt, ja, der *die Gefühle, den Patriotismus, das Glorreiche, die Fahnen* hasste, weil sie Überlegung und Vernunft ausschalteten – oder, wie es im Roman heißt: *Sie versperrten die Aussicht, und die Menschen fielen für nichts.*[26] Nur besondere Umstände ziehen ihn schließlich in einen Sog von Ereignissen, deren Tragweite er gar nicht zu fassen vermag, da ihm die Voraussetzungen dafür fehlen: *Von Kriegen hatte Ginster nur in der Schule gehört. Sie lagen weit zurück und waren mit Jahreszahlen versehen. Mehr als für Schlachten und Friedensschlüsse interessierte er sich für geistige Strömungen ohne Datum und das Volksleben. [...] Aber die Lehrer bestanden auf Kriegen. [...] Ich verstehe nichts von Kriegen, schrie er in seiner Ohnmacht [...], lassen Sie mich doch fort.*[27]

Nun ist dieses Werk zweifellos stark autobiographisch gefärbt, jedoch alles andere als ein Schlüsselroman. In Ermangelung aufschlussreicher persönlicher Dokumente aus dieser Zeit haben Kracauers postume Leser die literarisierte Selbstdarstellung nur allzu bereitwillig für bare Münze genommen und das Porträt Ginsters mit einem Selbstbild seines Verfassers verwechselt. Der freilich wusste nur zu gut, wie wenig der Roman sein wirkliches Leben widerspiegelte: *In der ganzen Arbeit* habe er zwar, so schrieb er seinem Freund Ernst Bloch nach Beendigung des Werks, *nichts anderes getan [...] als* sich *selbst genau wiederzugeben*, und *jedes Faktum* darin stimme. Doch beeilt er sich, diese Bemerkung sogleich klarzustellen: *Soviel natürlich auch verändert und dazu erfunden ist.*[28] Und in der Tat las man es vor Tische ein wenig anders.

Alle Indizien deuten darauf hin, dass Kracauer von der allgemeinen Aufbruchstimmung jener Tage nicht unberührt blieb. Schon 1911 hatte er seinem Tagebuch anvertraut, dass *der Krieg* doch *auch segenswert* sei. Zu dieser Überzeugung sei er *beim Anblick eines dekadenten Kaffeehausmenschen mit ganz ausgebrannten Augen* gekommen. Man gebe *ihm nur Manneszucht*, lasse *ihn eine Schlacht erleben, eine Flucht aufregender, einmaliger Ereignisse, und er* würde *wieder jung u. frisch werden und manche liebenswerte Eigenschaften zeigen. Also, der Krieg als Verjüngungsmittel …*[29] Ins Bild solcher «Reflexionen» passt die Tatsache, dass er sich gleich zu Kriegsbeginn freiwillig meldete, ohne jedoch die hohen Hürden der preußischen Gesundheitskontrollen zu nehmen. Diese Entscheidung dürfte im Übrigen den Erwartungen seiner Familie entsprochen haben, wo man selbstverständlich deutsch-national dachte und empfand: *Um eines besetzten Stückchen Landes willen*, so glossiert *Ginster* diese Familienatmosphäre, *konnte der Onkel sein ganzes Mittelalter preisgeben und wurde zum Vaterland in Person.*[30]

Krakauer […] erging sich über das Vaterlandsgefühl, ob es etwas Primäres, etwas für sich Bestehendes, etwas Einheitliches sei, was seinen Kern ausmache. Er sprach abwechselnd und durcheinander sachlich, spöttisch ablehnend und warm bis zur Leidenschaftlichkeit. […] Er ist aufgewühlt, er kann nicht allein sein. Er möchte als Erntearbeiter oder Krankenträger helfen, er schwankt immerfort zwischen spontanem Fühlen und Analysieren. Nach dem Abendessen wieder von Krakauer […] heimgesucht. Mit seiner fieberhaften Leidenschaft […] fällt er uns auf die Nerven. Zum Soldaten ist er viel zu schwächlich. Als Erntearbeiter, Krankenpfleger, Zeichner, Eisenbahner – in jeder erstrebten Eigenschaft wird er zurückgewiesen und fühlt sich deshalb unglücklich. Er hat sich die Haare schneiden lassen, weil man ihn als Ausländer anhielt; geschoren sieht er nicht weniger exotisch aus als vordem. Sehr eigentümlich, seine […] Bekehrung zum Patriotismus.

Victor Klemperer, 1914

Auch in anderer Weise zollte Kracauer der Kriegsbegeisterung Tribut. Wie sehr er, wenigstens zeitweise, von uneingeschränkter Vaterlandsliebe ergriffen war, belegen neben Zeugnissen einiger Freunde auch seine Schriften aus dieser Zeit, am nachhaltigsten ein Gedicht des eben Fünfundzwanzigjährigen. Gemessen an den Entblößungen deutscher Intellektueller von Rang und Namen – unter den Abertausenden patriotischer Ergüsse, mit denen Verlage, Zeitungs- und Zeitschriftenredaktionen in den ersten Kriegs-

Ausmarsch der berittenen Truppen aus Berlin, Anfang August 1914: «Seit der Kriegserklärung waren die Menschen verrückt, niemand sprach mehr von wichtigen Dingen.» (Schriften VII, S. 16, «Ginster»)

monaten förmlich bombardiert wurden [31], finden sich solche von Thomas Mann, Gerhart Hauptmann und Georg Simmel – nimmt sich dieses Dokument fast harmlos aus. Aber es lässt doch deutlich erkennen, dass sein Verfasser in keiner Weise hinter seinen berühmten und weniger berühmten Zeitgenossen zurückstehen wollte. Überschrieben ist das Werk, dessen martialische Diktion in so auffälligem Widerspruch zu seiner poetischen Form steht, *Auf der großen Fahrt*, und es erschien als 43. Band einer Reihe «Deutsche Flugblätter» im Münchner Golz-Verlag. Zahlreiche Motive und Wendungen dieses Gedichts stellen den Autor in die Reihe derer, die der damaligen bürgerlichen Kultur voller Abscheu gegenüberstanden, sich vom Krieg eine geradezu kathartische Wirkung erhofften und daher nur allzu bereitwillig den Wahnwitz des Völkerschlachtens propagandistisch verbrämten: *Uns, die noch leben, leuchtet ein Licht, / Bahnt sich durch blutige Gassen. / Heimat, wir wollen nimmer dich lassen! / Deutschland, Deutschland, uns leuchtet dein Licht.* [32]

Der historischen Gerechtigkeit halber ist diesen unzweideutigen Zeilen nachzuschicken, dass man Kracauers Teilhabe an der allgemeinen Kriegsbegeisterung nicht an der Elle heutiger Anschauungen und Überzeugungen messen darf. Die grimmige Entschlossenheit, die in diesen und anderen Wendungen zum Ausdruck kommt, spiegelt ebenso wie die nationalistischen Töne nur eine weit verbreitete mentale Befindlichkeit der damaligen Deutschen wider. Lebens- und Denkart selbst des friedfertigen Bürgertums der wilhelminischen Ära waren nicht frei von jener Attitüde, die der Soziologe Norbert Elias mit dem Begriff «Romantik der Macht» umschrieben hat. Sie artikulierte sich in einem Schrifttum, «in dem auch die durch Gewalt gewonnene Macht, verschönt, als hoher Wert erscheint. Nietzsche [...] gab dieser Ideologie [...] in seinem ‹Willen zur Macht› die philosophische Fassung»[33] – und machte sie damit, so darf man hinzufügen, gewissermaßen salonfähig. Dass Kracauer ein eifriger, wenn auch nicht völlig unkritischer Nietzsche-Leser war, lässt sich anhand seiner Tagebücher aus dieser Zeit leicht belegen.[34] Er war also alles andere als ein Kriegsgegner der ersten Stunde und erst recht kein Pazifist bzw. Friedensfreund, wie sich die engagierten Gegner des Völkerschlachtens damals noch mehrheitlich nannten. Man darf ohnehin bezweifeln, dass er ihnen je wirklich nahe gestanden hätte. Die Ahnungslosigkeit, in der er aufgewachsen war, und sein zugleich idealistisch überhöhtes wie zutiefst konservatives Weltbild jener Jahre hinderten ihn an einer radikalen Absage jeder Form militanter Auseinandersetzungen. Und noch in späteren Jahren meinte er lakonisch, die *Abschaffung des Krieges* sei *doch nicht so einfach*[35].

Der Dienst an vorderster Front, der ihm das Elend und die Schrecken des modernen Materialkriegs handgreiflich vor Augen hätte führen und ihn in seinen Überzeugungen erschüttern können, blieb Kracauer erspart. Dennoch änderte sich mit den Monaten und Jahren allmählich seine ursprüngliche Einstellung. Und dieser Haltungswandel vollzog sich beinahe im Gleichschritt mit Ereignissen und Erfahrungen, die ihm den Krieg immer näher und bedrohlicher auf den Leib rücken ließen. Zu den Unbilden, die sein Leben und Denken bald nachhaltig, bald weniger merklich beeinflussten, gehörten seine Entlassung als Architekt in München, Ende 1914, die immer eingeschränkteren Existenzbe-

dingungen dieser Jahre, der Tod seines Freundes Otto Hainebach
vor Verdun[36], die Eindrücke während seiner Arbeit in einer freiwilligen Sanitätskolonne[37] sowie nicht zuletzt die Einberufung
im September 1917 und die *niederdrückende[n] Erfahrungen*, die er
während seiner Grundausbildung als Artillerist in Mainz *über
Menschen und Zustände […] beim Militär* sammelte.[38]

Schwach vernehmlich ist dieser Wandel an Schriften abzule-
sen, in denen sich schüchterne Zweifel am militanten Patriotismus zu regen beginnen. Im Kriegsgedicht *Auf der großen Fahrt*
artikulierte sich der Patriotismus noch völlig ungeschützt, in der
Abhandlung *Vom Erleben des Krieges* aus dem Jahre 1915 weicht er
dann bereits einer echten, «wesenhaften» Vaterlandsliebe. An die
Stelle der kruden Hurras tritt gewissermaßen die Tiefe oder die
Metaphysik, die gleichwohl die *ungeheure Aufgabe der Verteidigung
des Vaterlandes*[39] noch nicht prinzipiell in Frage stellt. 1917 schließ-

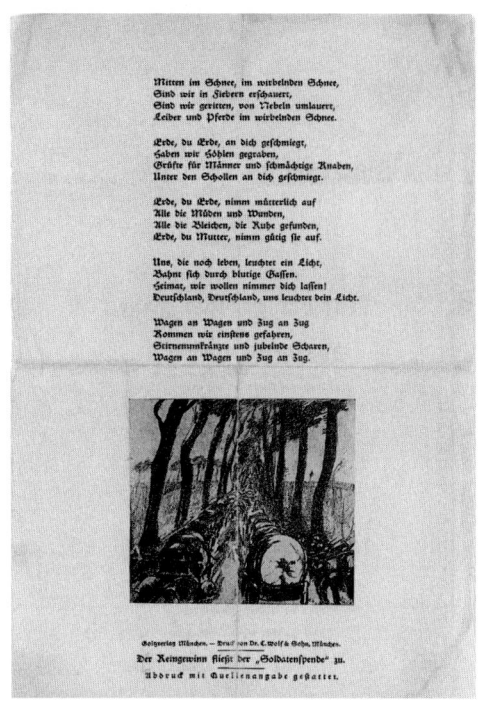

Mitten im Schnee, im wirbelnden Schnee,
Sind wir in Fiebern erschauert,
Sind wir gezittert, von Nebeln umlauert,
Leiber und Pferde im wirbelnden Schnee.

Erde, du Erde, an dich geschmiegt,
Haben wir Höhlen gegraben,
Gerüste für Männer und schmächtige Knaben,
Unter den Schollen an dich geschmiegt.

Erde, du Erde, nimm mütterlich auf
Alle die Müden und Wunden,
Alle die Bleichen, die Ruhe gefunden,
Erde, du Mutter, nimm gütig sie auf.

Uns, die noch leben, leuchtet ein Licht,
Bahnt sich durch blutige Gassen.
Heimat, wir wollen nimmer dich lassen!
Deutschland, Deutschland, uns leuchtet dein Licht.

Wagen an Wagen und Zug an Zug
Kommen wir einstens gefahren,
Streunenmmkränze und jubelnde Scharen,
Wagen an Wagen und Zug an Zug.

Golgverlag München. — Druck von Dr. C.Wolf & Sohn, München.
Der Reingewinn fließt der „Soldatenspende" zu.
Abdruck mit Quellenangabe gestattet.

lich ist das Feuer der anfänglichen Begeisterung erloschen und übrig bleibt der warnende Zeigefinger, den Kracauer hier im Namen Max Schelers erhebt: *Der Sinn des Krieges* bestehe *darin, eine Mahnung zur Umkehr zu sein auf jenem Wege, der zu einer immer größeren Zersetzung des europäischen Menschen, zu einem immer weiteren Überwuchern des kapitalistischen Ethos führt.*[40] Hier ist keine Rede mehr von der vorgeblich kathartischen Wirkung des Krieges.

Was sich in diesen Etappen dokumentiert, ist also eher der Prozess einer allmählichen Desillusionierung, die jedoch vorläufig folgenlos bleibt. Sie provoziert noch keine Fragen nach den historischen, politischen, ökonomischen und sozialen Gründen, die – um es mit *Ginster*-Kracauer zu sagen – *zu dem Krieg geführt hatten, mitten durch die Lügen hindurch und quer durch die dummen Gefühle*[41]. Ebenso wenig führt sie zu einem Nachdenken über Themen, die später im Zentrum seiner Arbeiten stehen sollten: Propaganda

Kracauer (stehend in der Mitte) als Fußartillerist
in Mainz, 1917

und Massenlenkung oder die *tiefenpsychologische[n] Dispositionen*
der Deutschen, die die Dynamik ihrer Geschichte wenn nicht de-
terminiert, so doch – folgt man der Darstellung seiner Geschichte
des deutschen Films *Von Caligari zu Hitler* – entscheidend beeinflusst hätten.[42] Für solche und ähnliche Fragen war Kracauer noch
nicht reif; sein damaliges Denken war noch allzu sehr mit dem be-
haftet und beladen, was deutscher Patriotismus eben auch an Un-
heilvollem mit sich führte: Illiberalität, Idealismus, Moralismus,
ein geradezu missionarischer Überzeugungseifer, Kulturpessimismus sowie nicht zuletzt eine soziale und politische Orientierungslosigkeit, die sich immer wieder in dem Ruf nach Gemeinschaften
und Führern, in der Forderung nach strengen Normen, Werten
und allgemein verbindlichen Weltbildern äußerte. Deutlich wird
dies gerade auch in der bereits zitierten Schrift aus dem Jahre
1917, einer Besprechung von gesammelten Aufsätzen des Philosophen Max Scheler zum Thema «Krieg und Aufbau»: *Das schmerz-
lichste Übel unserer Zeit* sei demnach *der Mangel an allgemeinen
Normen für das Handeln und […] inner[e] Lebe[n], welcher Mangel We-
senszerfall, Wert- und Instinktunsicherheit und ein vereinsamendes, leid-
verursachendes Nichtwissen Wohin und Wozu zur Folge habe. Nichts
aber* ersehnten *die Menschen so sehr als einen starken, sie allseitig ver-*

*pflichtenden Glauben, eine sie innerlich verknüpfende Weltanschauung. Wo immer sie auf eine solche Weltanschauung aus einem Gusse stie-ßen, würde sie – im Vergleich zu dem sich ausbreitenden flachen, un-erträglichen [...] Liberalismus [...], der alles toleriert, weil er an nichts ge-bunden sei – als ein Labsal* empfunden.[43] Diesem in gewisser Weise sehr deutschen Weltbild entsprechen zuletzt noch Kracauers ar-chitektonische Entwürfe aus dieser Zeit. So richteten sich im Auf-riss eines Soldaten-Ehrenfriedhofes, den er 1916 für ein Frankfur-ter Architektenbüro anfertigte, die *rechteckige[n] Gräberfelder* nicht von ungefähr *auf einen Mittelplatz aus, auf dem das Denkmal sich wie ein oberer Vorgesetzter erhob* [44].

Siegfried Kracauer blieben die Erfahrungen des Grabenkrieges deshalb erspart, weil er schon *den Strapazen der Ausbildung auf Dauer nicht gewachsen war.* So wurde er bereits im November 1917, zwei Monate nach seiner Einberufung, *arbeitsverwendungsfähig im Beruf* geschrieben.[45] Wenige Monate später, im Januar 1918, trat er dann eine Tätigkeit im Stadtbauamt Osnabrück an. Dort war er bis zum Dezember desselben Jahres beschäftigt und schied dann *frei-willig* aus, *weil er mit Rücksicht auf die gegenwärtigen politischen Ver-hältnisse* – in Deutschland waren mittlerweile allerorten revolu-tionäre Erhebungen ausgebrochen – *seinen Wohnsitz zunächst nach der Heimatstadt verlegen* wollte.[46] Das knappe Jahr in Osnabrück war seine letzte Festanstellung als Architekt. Die sich nach dem Kriegsende ausbreitende Arbeitslosigkeit traf auch ihn, und so war er gezwungen, sich in den Folgejahren mit bautechnischen Gele-genheitsarbeiten, sporadischen Publikationen sowie mit Nachhil-festunden für lernunwillige Gymnasiasten durchzuschlagen.

Kracauers Wett-bewerbs-entwurf für einen Soldaten-Ehren-friedhof in Frankfurt von 1916

# Kompasslos im Meer der Zeitereignisse

## DASEIN IM LEEREN NACHKRIEGSRAUM: 1919 – 1925

Mit der erzwungenen Abdankung Wilhelms II. wurde am 9. November 1918 gleich zweifach das Ende der Monarchie und der Anbruch neuer demokratischer Zeiten in Deutschland verkündet: vom Reichstag aus durch den Sozialdemokraten Philipp Scheidemann, vom Berliner Stadtschloss herunter durch den Führer des Spartakusbundes, Karl Liebknecht. Schon bei der Ausrufung kündigten sich mit dem Wort von der «deutschen» (Scheidemann) bzw. der «sozialistischen Republik» (Liebknecht) divergierende Vorstellungen über die politische Zukunft an. Gemeinsam mit all den wirtschaftlichen und sozialen Folgen eines verlorenen Kriegs stürzten sie das Land in eine tiefe Krise, von der sich diese (1919 durch eine Verfassung legitimierte) Weimarer Republik erst gegen Mitte der zwanziger Jahre zu erholen begann.

Im Rückblick hat Kracauer die bewegten Jahre von der Novemberrevolution bis hin zur allmählichen innenpolitischen Stabilisierung als *eine Zeit der allzu großen, allzu nahen und überdeutlichen Ereignisse* definiert, *in der kaum einer einen Kompass* besessen habe.[47] Ein treues Abbild dieser Orientierungslosigkeit im Zeichen eines Wandels, auf den kaum einer wirklich vorbereitet war, bildete das Heer der Barfußpropheten und Heilsverkünder, die seinerzeit nicht wenige Deutsche mit abstrusen philosophisch-historischen Welterklärungen, politischen Rezepten und religiösen Verheißungen in ihren Bann zogen. Und diese insgesamt undurchsichtige und verwirrende gesellschaftliche Situation spiegelt auch Kracauers Biographie in beinahe allen Facetten wider.

Schon die Ordnung und Bewältigung alltäglicher Dinge scheint ihn vor schier unüberwindliche Schwierigkeiten gestellt zu haben. Die materiellen Einschränkungen, die das allgemeine Nachkriegselend insbesondere für die Mittelschichten mit sich brachte, die nur noch sporadische Beschäftigung, das Hin- und

Hergerissensein zwischen verhasstem Architektenberuf und Philosophie, diese *ewige provisorische Existenz* reibe ihn völlig auf[48], heißt es in einem Brief vom Mai 1920. Er sei doch alles andere als eine *Pioniernatur*, brauche vielmehr eine *konsolidierte Umwelt*[49], und *das Schicksal* enthalte ihm die Befriedigung selbst dieser *bescheidenen Ansprüche* vor[50]. Verlässlicheren Boden unter den Füßen sollte er im äußeren Leben erst gegen Mitte der zwanziger Jahre gewinnen, nachdem ihn die «Frankfurter Zeitung» fest angestellt hatte.

«Frankfurter Zeitung und Handelsblatt»: unter diesem Namen war das wohl renommierteste Organ der Weimarer Tagespresse 1866 von dem jüdischen Bankier Leopold Sonnemann (1831–1909) ins Leben gerufen worden. Formell handelte es sich um eine Neugründung, faktisch jedoch war die Zeitung aus einem Börsen- und Finanzblatt hervorgegangen, das Ende der fünfziger Jahre des 19. Jahrhunderts um einen politischen Berichtsteil erweitert wurde.[51] Von Anbeginn ihres Erscheinens war die «Frankfurter Zeitung» die Stimme einer linksliberalen Opposition. Zu den Hauptzielen ihres Besitzers (und zugleich Mitbegründers der Demokratischen Partei) zählte die Umformung des preußischen *Militärstaat[es] in einen bürgerlichen Rechtsstaat.* Und seinen *Ideen,* so heißt es

1918   Meuterei der deutschen Hochseeflotte, Matrosenaufstand in Kiel und Übergreifen der revolutionären Erhebung auf das ganze Deutsche Reich · Ausrufung der Republik.

1919   Spartakus-Aufstand in Berlin · Ermordung Rosa Luxemburgs und Karl Liebknechts · Wahl zur Nationalversammlung · Blutige Niederwerfung der Münchner Räterepublik · Unterzeichnung des Versailler Vertrages · Verkündung der Weimarer Reichsverfassung.

1920   Kapp-Putsch in Berlin · Kommunistische Aufstände im Ruhrgebiet und in Mitteldeutschland · Die Parteien der «Weimarer Koalition» verlieren ihre Mehrheit.

1921   Ermordung des Zentrumpolitikers Erzberger durch Rechtsextremisten.

1922   Ermordung des Reichsaußenministers Rathenau durch Rechtsextremisten.

1923   Besetzung des Ruhrgebiets durch französisch-belgische Truppen · Verhängung des Ausnahmezustands zunächst in Bayern, dann übers ganze Reich · Kommunistischer Aufstand in Hamburg · Reichsexekution gegen die sächsische SPD-KPD-Regierung · Hitler-Putsch in München · Währungsreform und damit Ende der Inflation.

1924   Mit dem Wahlgewinn von Sozialdemokraten und bürgerlicher Mitte Stabilisierung der Republik.

in dem hier zitierten Sonnemann-Porträt Kracauers weiter, habe er *durch das von ihm mit Meisterschaft gehandhabte Instrument der Zeitung […] stets den nötigen Nachdruck* verliehen. *Unter seiner Führung*, so fasst der kleine Artikel seine Verdienste zusammen, sei *die «Frankfurter Zeitung» zum bedeutendsten deutschen Weltblatt* aufgestiegen und habe damit *eine außerordentliche politische und kulturelle Mission* erfüllt.[52]

Von diesem ursprünglichen Kurs wichen die politischen Redakteure auch nach dem Tod Sonnemanns nicht wesentlich ab. Das Blatt blieb bis zum Ende der wilhelminischen Epoche das, was es schon in der Ära Bismarcks war: ein oppositionelles Organ, das für die Abschaffung des preußischen Dreiklassenwahlrechts und für die Einführung eines parlamentarischen Systems eintrat. In den Anfangsjahren des Ersten Weltkriegs, als Konservative und Nationalliberale vor dem Hintergrund großer militärischer Erfolge einen Siegfrieden mit hohen Reparationsleistungen und umfangreichen Gebietserwerbungen forderten, vertrat die Zeitung eher maßvolle Kriegsziele. Und als 1918/19 die politische Szene Deutschlands von revolutionären Erhebungen in den Städten gekennzeichnet war, setzte man sich für eine bürgerlich-demokratische Verfassung ein, wie man schließlich auch die Unterzeichnung des Versailler Vertrages befürwortete. Das einzige Zugeständnis, das die Redaktion dem radikalen Aufbegehren jener Zeit machte, war das (vorübergehende) Eintreten für eine Vergesellschaftung der wichtigsten Wirtschaftszweige. Parteipolitisch stand die «Frankfurter Zeitung» in den Jahren der Weimarer Republik der «Deutschen Demokratischen Partei» nahe, jedoch bedeutete ihre auch personelle Verflechtung – eine Reihe von Redakteuren zählten zu den

Mitgliedern der DDP – keine kritiklose Identifizierung mit den Zielen dieser Partei.

Kracauers erste Artikel in der «Frankfurter Zeitung» erschienen zu einem Zeitpunkt, als die Monarchie bereits abgedankt hatte und Versuche der radikalen politischen Linken, die erste erfolgreiche Revolution auf deutschem Boden durchzuführen, ebenso gescheitert waren wie der rechte Kapp-Putsch vom März 1920.[53] Die große Mehrheit der Deutschen hatte sich schon im Januar 1919 bei den Wahlen zur verfassungsgebenden Nationalversammlung zu den Parteien der Mitte und der gemäßigten Linken bekannt: Über drei Viertel der Stimmen gingen seinerzeit an die Sozialdemokraten (37,9 %), das Zentrum (19,7 %) und die Deutsche Demokratische Partei (18,6 %). In diesem Wahlergebnis kam die Entschlossenheit zum Ausdruck, es mit der neuen Republik we-

Der Kapp-Putsch, 13. – 17. März 1920: Soldaten der Brigade Ehrhardt verteilen Flugblätter in Berlin, 13. März 1920

nigstens zu versuchen. Zugleich war damit die tagespolitische Forderung erhoben, die gerade entstehende parlamentarisch-bürgerliche Demokratie in jeder Hinsicht zu stützen, was in den Augen der Zeitgenossen und Befürworter dieses demokratischen Experiments vor allem eine Mäßigung in den Zielen voraussetzte. Dieser Überzeugung trug auch eine der frühesten Veröffentlichungen Kracauers (vom Juni 1920 und überhaupt erst die zweite in der «Frankfurter Zeitung») mit einem programmatischen *Bekenntnis zur Mitte* Rechnung.[54]

Ganz offensichtlich sollte die kleine Arbeit zunächst einmal die grundsätzliche Bereitschaft ihres Verfassers zum Ausdruck bringen, sich auf die neuen politischen Gegebenheiten einzulassen. Das war nicht wenig in einer Zeit, in der sich Regierung und Institutionen des Staates heftigsten Angriffen sowohl von links als auch von rechts ausgesetzt sahen. Darüber hinaus stand dieses Bekenntnis im Einklang mit der politischen Linie der «Frankfurter Zeitung» und der ihr nahe stehenden DDP, die zu dieser Zeit mit dem Slogan «Hin zur Mitte» um Zuspruch bei den Wählern warb. Der Artikel war also auch dazu bestimmt, Wohlwollen bei den verantwortlichen Herren in der Redaktion zu erheischen – sie einzunehmen für einen jungen Mann, der damals alles daran setzte, *an die Öffentlichkeit* zu gelangen, mit Wort und Schrift *öffentlich* zu *wirken*[55], schon um den ungeliebten Architektenberuf hinter sich zu lassen.

«Hin zur Mitte». Wahlplakat der DDP, 1920

Den Vorstellungen, die Kracauer hier (wie in zahlreichen anderen Schriften dieser Zeit) ausbreitet, mangelt es freilich an entscheidenden Elementen, um als überzeugendes Plädoyer für die Republik ernst genommen werden zu können. Das belegt zunächst einmal nur, wie unerfahren man generell im Umgang mit dem neuen politischen System war. Den damaligen Deutschen, mehr geprägt durch *Untertanengeist* denn durch die *Tugend* politischen Verantwortungsbewusstseins, gebrach es einfach noch an jener *Übung*, deren Fehlen er in einer Bestandsaufnahme demokratischer Gesinnung aus dem Jahr 1932 [56] als Ursache zahlloser Missstände ausmachte – und das am Ende entscheidend zum Scheitern des Weimarer Experiments beitragen sollte. So ist in diesem Artikel viel von Seele, Ideal und Wesen, von Haltung, Willen und Gemeinschaft, Ordnung, Ethik und Sittlichkeit, Geist, Kultur, Tradition und Werten die Rede – wohingegen all jene Termini fehlen, die seit Aufklärung und Französischer Revolution gemeinhin mit dem Begriff «Demokratie» in Verbindung gebracht werden: Gleichheit, Recht und Toleranz, wirtschaftliche und soziale Gerechtigkeit.

So erweist sich Kracauers *Bekenntnis zur Mitte* seiner Substanz nach als anämisch und überaus widersprüchlich. Hinter der Entschiedenheit, mit der er hier für die Mäßigung in politicis eintritt, verbirgt sich allerlei Anachronistisches und Elitäres, Autoritäres und Reaktionäres: ein höchst rückwärts gewandtes und im Übrigen statisches Weltbild, das sich nur schwer mit den Grundideen einer demokratischen Gesellschaftsverfassung in Einklang bringen lässt. Schon rein sprachlich kann dieser Artikel wenig überzeugen, überwiegen doch die pathetischen, bisweilen auch oberlehrerhaften Töne. Darüber hinaus ist die Gedankenführung überaus abstrakt und seltsam unentschieden. Auch wenn es der Autor vorgibt, taucht er gar nicht in die *Lebenswirklichkeit* und in die *Lebensbedingungen* [57], das heißt in die historischen, politischen, ökonomischen und sozialen Gegebenheiten seiner Zeit ein. Vielmehr schwebt er hoch über den Sphären empirischer Wirklichkeit in meta-physischen Ebenen, und seine Argumentation windet sich förmlich um hochtheoretische, philosophische Begriffe. Und schließlich haben die hier ausgebreiteten Vorstellungen nur zum Teil ihren Ursprung in der Tradition europäischer Aufklärung; in der Mehrzahl entstammen sie jener der deutschen Klassik und vor allem den politischen Ideen der deutschen Romantik. So erweist sich dieses Bekenntnis am Ende als Dokument eines etwas abstrusen, jedoch sehr deutschen Wertkonservativismus, dessen Ansichten von Individuum und Gesellschaft nicht nur aus einer

Zeit stammen, in der ein aufgeklärter Absolutismus das Land regierte, sondern der auch ziemlich Disparates zusammenzufügen sucht: *Gerade die reifsten Geister huldigten, so klingt dieser Aufsatz aus, oft einer Politik des Maßes und der Mitte [...]. Diese Geister haben die [...] radikalen Gesinnungen [...] verfolgt und durchlebt und sie wissen [...]: Behauptet sich ein träger Konservativismus, so erstarrt die Ordnung, ein Zustand der Unfreiheit und Ungerechtigkeit tritt ein, das Ethos verkümmert; läßt man dagegen dem ethischen Fanatiker [...] freie Hand, so kommt es überhaupt nicht zur Eingewöhnung in eine Ordnung und jede etwa mögliche Kultur wird im Keim erstickt. Das maßvolle und gebändigte Wirken der hier gemeinten Menschen ist die Frucht eines langen und schweren Ringens [...], prägnant ausgedrückt entquillt es dem Willen, die Sache der «Sittlichkeit» zu verfechten, ohne die der «Kultur» preiszugeben [...]. Ihrem seelischen Spannungsvermögen nach sind so beschaffene Menschen in Wahrheit konservative Revolutionäre.* [58]

Für den Begriff der «Konservativen Revolution» standen zu jener Zeit mit Max Weber, Ernst Troeltsch, Friedrich Meinecke und Thomas Mann durchaus renommierte und gewissermaßen salonfähige Namen ein. Der Terminus war noch nicht von den offen antidemokratischen Haltungen eines Ernst Jünger, Arthur Moeller van den Bruck sowie all der terribles simplificateurs besetzt, die sich entweder vornehm-zurückhaltend, aber stets unzweideutig, in Zeitschriften wie beispielsweise «Die Tat» zu Wort meldeten [59] oder gleich mit fliegenden Fahnen zu den Nationalsozialisten überliefen. In erster Linie zielte er auf eine grundlegende Erneuerung des <u>Geistes</u> – womit er freilich gerade das verfehlte, was den eigentlichen Anlass zu Kracauers Betrachtungen abgegeben hatte: die Politik. Mit diesem Begriff artikuliert sich also eine zwar nicht un-, substanziell jedoch <u>a</u>politische Haltung, wie sie sich generell und entgegen seiner Behauptung in den meisten Schriften Kracauers aus dieser Zeit ausmachen lässt.

Ob er sich dessen in vollem Umfang bewusst war, darf bezweifelt werden. Im Grunde genommen spiegeln seine damaligen Aufsätze ohnehin nur eine weit verbreitete und ausgeprägte Unentschiedenheit und Unsicherheit in politischen Dingen wider. Verstärkt wurden sie durch eine geradezu verwirrende Vielfalt gesellschaftlicher Initiativen – soziale und konfessionelle, künstlerische und kulturpolitische –, deren Inhalte und Ziele Kracauer als Frankfurter Lokalredakteur aus erster Hand kennen lernte. Was ihm Veranstaltungen vermittelten, auf denen es um Lebensreform, Anthroposophie, den Untergang des Abendlands, um die Erneuerung wirtschaftlicher Sitte und Verantwortung, um Schulreform, Jugendbewegung und Spiritualismus, um Kirchenpolitik, religiöse Sekten und Weltreligionen ging[60], dürfte ihn in seiner kulturpessimistischen Weltsicht nur bestärkt haben. So ist es nicht weiter verwunderlich, wenn seine Schriften aus dieser Zeit das Bild einer gesellschaftlichen Wirklichkeit entwerfen, an der schließlich kein gutes Haar bleibt. In diesen Artikeln, die zusammengenommen eine fast lückenlose Übersicht über all die Parteien, Bewegungen und Gruppen, Schulen und Konfessionen bieten, die das nach Kriegsende entstandene politische und kulturelle Vakuum füllten, überwiegen die Beschreibungen einer zerrissenen, chaotischen, in jeder Hinsicht fragwürdigen, hinfälligen, starren, seelen- und sinnlosen Welt. Überall vermag Kracauer nur *Bestechlichkeit, [...] moralische Zerrüttung, [...] Verwirrung der Begriffe vom Wert und Unwert eines Lebens, [...] Habgier und Gemeinheit* auszumachen, und das dabei entstehende Porträt seiner Gesellschaft gewinnt fast danteske Züge: eine *Hölle*, aus *der es kein Entrinnen* gibt.[61]

Angesichts einer solchen, fast schon apokalyptischen Weltsicht überrascht es kaum, dass alle Politik in seinen Schriften dieser Jahre religiös fundiert ist – oder, um es hier in Anspielung auf den Titel seines letzten, unvollendeten Werkes über *History. The Last Things Before the Last* zu sagen: Ihre Verankerung bilden Vorstellungen und Überzeugungen, die jenseits der letzten Dinge liegen. Weit ungeschützter als in den zur Veröffentlichung bestimmten Arbeiten kommt dieses Suchen nach einem Asyl in Metaphysik und Religion in einem Brief vom Oktober 1920 an die ihm seinerzeit nahe stehende Margarete Susman zum Ausdruck: *Ich selbst habe [...] prinzipiell jeden Glauben an eine Besserung der Welt durch politische Mittel aufgegeben, bin vielmehr der Ansicht, dass, solange die religiöse Fundierung fehlt, es ganz gleich ist, wer nun eigentlich herrscht. [...] Man kann in politischen Dingen nicht genug Machiavellist, Skeptiker, Verstandesmensch sein. Au fond: ich bin ein Antirevolutionär; weil mir der Glaube hier fehlt. Wesenhaft ist allein die innere Erneuerung [...]. Eine von Traditionen beherrschte, gebundene, sittengebändigte, auf Autorität gestellte [...] Gemeinschaft bildet mein Ideal.*[62]

# Die Pforte zur Welt
# der Wirklichkeit

## Kracauer und Georg Simmel

In den Jahren vor, während und unmittelbar nach dem Ersten Weltkrieg hat Kracauer eine ganze Reihe bedeutender Persönlichkeiten der deutschen Kulturgeschichte des 20. Jahrhunderts kennen gelernt: solche, die es – wie Ernst Bloch, Walter Benjamin, Leo Löwenthal, Franz Rosenzweig oder Theodor W. Adorno – erst noch werden sollten, und solche, die sich – wie Max Scheler, Georg Simmel, Margarete Susman oder Martin Buber – längst einen Namen gemacht hatten. Fast all diese Begegnungen haben über kurz oder lang auch ihren publizistischen Niederschlag gefunden, und zwar in Porträts, Abhandlungen und Rezensionen, die den Einfluss dieser Personen und ihrer Werke auf sein Denken mehr als nur erahnen lassen. Zu diesen Veröffentlichungen zählen Besprechungen der Schriften Schelers und Bubers, eine grundsätzliche Auseinandersetzung mit Blochs 1921 erschienenem «Thomas Münzer als Theologe der Revolution»[63], Berichte über Vorträge Margarete Susmans[64] sowie vor allem Arbeiten zu Georg Simmel. Seiner Person bzw. seinem philosophischen Schaffen und Wirken sind nicht nur einige kleinere Kritiken gewidmet[65], sondern auch zwei große Abhandlungen: In der 1922 veröffentlichten *Soziologie der Wissenschaft*[66] steht Simmel neben Max Weber im Zentrum systematischer, erkenntnistheoretischer Reflexionen über eine damals noch junge, zwischen Philosophie, Nationalökonomie und Geschichte hin- und her schwankende wissenschaftliche Disziplin; und bereits 1919 entstand eine fast einhundertfünfzigseitige Monographie mit dem Titel *Georg Simmel. Ein Beitrag zur Deutung des geistigen Lebens unserer Zeit*[67].

Diese fast ungewöhnliche Häufung von Schriften zu Simmel darf zunächst einmal als Indiz dafür genommen werden, dass dieser weit über die Grenzen Berlins hinaus bekannte Philosoph und Soziologe eine geradezu herausragende Rolle in Kracauers intellektueller Sozialisation gespielt hat. Erstmals erlebt hat er ihn 1907,

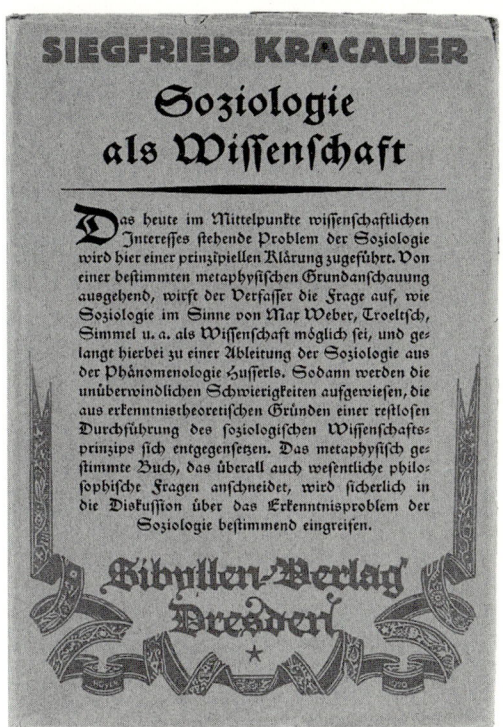

Werbetext für «Soziologie als Wissenschaft», 1922

und zwar bei Gelegenheit eines Vortrags über das «Problem des künstlerischen Stils». Den überwältigenden Eindruck dieses Berliner Ereignisses hat er in seinem Tagebuch mit beredten und beinahe emphatischen Worten festgehalten. Seine detaillierte Zusammenfassung der *feinsinnigen* und *sehr aufs Theoretische gestellten* Ausführungen Simmels schließt mit der Bemerkung: *sehr geisterhebend.* Wenige Tage später machte Kracauer dann auch die persönliche Bekanntschaft des Hochschullehrers. Unter dem *Vorwand, ihn über seine soziol[ogischen] Übungen um Auskunft zu bitten,* suchte er Simmel in der Universität auf. Diese erste Begegnung verlief allerdings enttäuschend, denn Kracauer fühlte sich bei diesem *sehr kurze[n] Besuch* allzu *reserviert* behandelt.[68] Erst Jahre später intensivierte sich ihr Kontakt, wie mehrfache Begegnungen sowie eine durchaus opulentere Korrespondenz[69] belegen.

Brief Kracauers vom 5. Juli 1914 an Georg Simmel

In einem dieser Schreiben, einem Brief Kracauers an Simmel vom 5. Juli 1914, der den Beginn einer vor allem für den Jüngeren äußerst fruchtbaren und weitreichenden intellektuellen Beziehung präziser bezeichnet, heißt es:

*Ich [...] schätze mich [...] glücklich, daß Sie [...] mit mir über meine weitere philosophische Ausbildung sprechen wollen. [...] Welchen Gewinn für meine Zukunft, welche moralische Förderung meines Wesens ich mir von einer Unterredung mit Ihnen erhoffe, vermag ich gar nicht auszusprechen. Ich wünsche mir, mich Ihres Interesses auch wert zu erzeigen.*[70] Ihr Umgang verlief, wie vor dem Hintergrund dieser Zeilen nicht anders zu erwarten, anfangs in sehr konventionellen, dem Altersunterschied und der differenten gesellschaftlichen Stellung gemäßen Bahnen: Kracauer schickte dem *sehr* bzw. *hochverehrten Herrn Professor*[71] regelmäßig seine Arbeiten zur Begutachtung ein, um dann meist postwendend dessen Urteil zu erhalten. Das fiel gelegentlich zustimmend aus (wenn die Arbeit

**Georg Simmel**, Philosoph und Soziologe, *1858 in Berlin, † 1918 in Straßburg; studierte 1876–81 Geschichte, Philosophie, Völkerpsychologie, Kunstgeschichte und Altitalienisch u. a. bei Gustav Droysen, Theodor Mommsen, Heinrich von Sybel und Heinrich von Treitschke.
Von 1885–1901 Privatdozent, dann bis 1914 außerordentlicher Professor in Berlin; von Kriegsausbruch bis zu seinem Tode schließlich ordentlicher Professor an der Universität Straßburg. Simmel war befreundet u. a. mit dem Soziologen Max Weber, den Philosophen Heinrich Rickert und Edmund Husserl, dem Dichter Stefan George. Er beeinflusste Intellektuelle wie Hans Freyer, Martin Buber, Georg Lukács, Ernst Bloch, Karl Mannheim, Walter Benjamin und Martin Heidegger.

bereits von ihrer Fragestellung her originell war), häufiger jedoch kritisch, und das meist aus Gründen problematischer «philosophische[r] Grundvorstellung[en]»[72]. Nach Simmels frühem Tod im Jahr 1918 setzte sich Kracauer dann in seinen Schriften nachdrücklich für seinen Mentor und dessen Werke ein. Und noch später schließlich geschah dies in einer etwas subtileren Weise: indem der Schüler im Sinn seines Lehrers weiterwirkte und darin völlig undogmatisch verfuhr – ganz so, wie Simmel es vorausgesehen hatte: «Ich weiß», heißt es in einer Tagebuchaufzeichnung, «daß ich ohne geistigen Erben sterben werde (und es ist gut so). Meine Hinterlassenschaft ist wie eine in barem Gelde, das an viele Erben verteilt wird, und jeder setzt sein[en] Teil in irgendeinen Erwerb um, der seiner Natur entspricht: dem die Provenienz aus jener Hinterlassenschaft nicht anzusehen ist.»[73]

Hinsichtlich der Erwartungen, die in damaliger Zeit deutsche Professoren ihren Schülern gegenüber hegten, äußert sich in dieser Bemerkung eine völlig ungewöhnliche, uneitle Haltung. Simmel hatte überhaupt ein gebrochenes Verhältnis zur Universität, was nicht zuletzt auf die schäbige Behandlung zurückzuführen ist, die er, als getaufter Jude, in dieser Institution seitens einiger ihrer wenig herausragenden Vertreter erfahren hatte. Lange Zeit hatte man erfolgreich seine Habilitierung hintertrieben. Als er schließlich doch diese erste Hürde einer akademischen Karriere genommen hatte und bald zu einer der herausragenden Persönlichkeiten der «Königlichen Friedrich-Wilhelms-Universität zu Berlin» avancierte, «entgalt» man ihm sein sogar internationales Renommee lediglich mit der Stelle eines außerordentlichen Professors; sie hatte er bis 1914 (seinem 56. Lebensjahr!) inne, dann verließ er Berlin und ging nach Straßburg. Die Tatsache, dass die Veranstaltungen eines Dozenten, «der in keiner Examenskommission saß und dessen Kollegs zu keinem vorgeschriebenen Lehrplan gehörten»[74], gleichwohl zu den populärsten zählten und von derart vielen Zuhörern besucht wurden, dass selbst die Tagespresse Notiz

Simmel hat auf das Geistesleben seiner Zeit eine breite und tiefe Wirkung ausgeübt, die nicht so sehr von den Ergebnissen als von der eigentümlichen Art seines Denkens ausstrahlt. Bedeutsame Werke […] stehen unter seinem Einfluss, mehr noch: seine Betrachtungsweise […] ist zum Allgemeinbesitz der letzten Generation geworden. Er hat ein Glück erfahren, das nur wenigen zu teil wird: dass auch die noch von ihm zeugen, die seinen Namen nicht auf den Lippen tragen. […] Die […] Simmelsch[e] Philosophie […] hat […] das Denken der Zeit aus starrer Begrifflichkeit befreit und uns gelehrt, den Blick auf die unerschöpfliche Lebenswirklichkeit selber zu lenken. Wer durch Simmel hindurchgegangen ist, dem erscheinen die meisten früheren Gedankenwerke […] arm an Erlebnisgehalten. […] Um der Folgerichtigkeit des Denkens willen vernachlässigen sie das Schauen […]. Erst durch Simmel wird uns die Pforte zur Welt der Wirklichkeit geöffnet. Scheidewände fallen, äusseres Geschehen zeigt sich an seelisches Sein geknüpft, fliessendes Leben eint Gegensätze, Wechselwirkungen walten ob zwischen den verschiedensten Bereichen.

Siegfried Kracauer: Georg Simmel. Ein Beitrag zur Deutung des geistigen Lebens unserer Zeit, S. 137

davon nahm, trug ihm bei manchen Kollegen mehr Neid als Anerkennung ein.

Was zahllose Studenten an Simmel anzog, ist gar nicht schwer nachzuvollziehen. Im Panorama deutscher Hochschullehrer um 1900 zählte er zu den lichtvolleren Erscheinungen. Die äußerste Konkretion seiner Rede und Schriften, die Themenvielfalt seines Vortrags, sein Blick fürs Detail, die Einbeziehung selbst des Abseitigen aus Kultur und Historie, das forschende Zweifeln – all das, was bei den Zuhörern und Lesern statt Erstarrung vor den Monumenten der Geschichte eigenes Denken und Bewusstwerden provozierte, faszinierte seine teils jungen, teils schon älteren Schüler. Er war, wie Albert Salomon sehr treffend formulierte, «ein echt philosophischer Geist»[75]. Und ähnlich sah es Kracauer, der nur wenige Jahre nach Simmels Tod seinem Lehrer bescheinigte, nicht *nur Philosoph, sondern [...] wirklich ein Philosophierender* gewesen zu sein, unter dessen Hand und Rede sich die trockenen Stoffe und *Leitbegriff[e]* mit Leben, *mit tausendfältigem Gehalt* erfüllt hätten.[76]

Siegfried Kracauer war, wie bereits seine Briefe an Simmel belegen, nicht nur gewillt, in die Fußstapfen seines bewunderten Meisters zu treten, sondern auch überzeugt, dass *erst* dessen Werk *uns die Pforte zur Welt der Wirklichkeit* öffne[77]. Der Satz steht in der für ihre intellektuelle Beziehung aufschlussreichsten Schrift, der 1919 begonnenen *Wesenstopographie* Simmels. Der Autor hatte nicht geringe Schwierigkeiten, für diese Monographie, die im Kern entscheidende Motive und Aspekte seines ganzen Denkens enthält, einen Verlag zu finden. Das lag nicht so sehr an der etwas vollmundigen Versprechung, nach «Geistbüchern» über Rembrandt (von Simmel selbst), nach *Gundolfs «Goethe»* und Bertrams «*Nietzsche*» jetzt das repräsentative Werk über Simmel vorzulegen. Vielmehr war es die Behauptung, eine *umfassende Würdigung des Phänomens «Simmel»* sei gerade *heute dringend* geboten.[78] Damit befand sich Kracauer so überhaupt nicht im Einklang mit dem Zeitgeist. Denn der hatte Simmel bereits ad acta gelegt – zum einen, weil er durch sein Plädoyer für den imperialistischen Krieg in Verruf geraten war, zum anderen, weil sich längst ein allgemeiner Paradigmenwechsel der Neigungen und Interessen insbesondere bei jungen Intellektuellen vollzogen hatte. Die neue (Un-)Ordnung der Nachkriegsverhältnisse begünstigte auf der einen Seite

Georg Simmel (1858–1918)

irrationalistische und esoterische Haltungen, auf der anderen Tendenzen zu radikal politischem Denken und Handeln. Vor diesem Hintergrund nahm sich die Lebensphilosophie Simmels mit ihrem Möglichkeitsdenken und Methodenpluralismus nicht mehr zeitgemäß aus. So mochte der nach Felix Meiner und Georg Bondi angesprochene Tübinger Verlag von J. C. B. Mohr schließlich nur das Einleitungskapitel aus Kracauers Buch (unter dem einfachen Titel *Georg Simmel*) in seiner Hauszeitschrift «Logos» veröffentlichen.[79]

In der Forschungsliteratur zu Simmel hat diese Arbeit kaum Spuren hinterlassen. Der bisweilen ungelenke Stil der Ausführungen, ihre Weitschweifigkeit und die häufigen Wiederholungen oder Variationen ein und desselben Themas, die etwas umständliche Logik und Argumentation sowie die oft eigenwillige, hier und da fast archaisch anmutende Begrifflichkeit standen einer tieferen Wirkung offenbar im Weg. Nun besteht das Bemerkenswerte dieser Schrift ohnehin nicht in Schlüssigkeit und stilistischer Souveränität der Darbietung. Vielmehr sind es jene Aspekte, in denen Kracauer gewissermaßen ein Selbstbild ante literam entwirft – und damit tiefe Einblicke in die Wirkung Simmels auf sein Denken und Schreiben gewährt.

Zu diesen Momenten gehört, gleich zu Beginn der Untersuchung, die Erörterung dessen, was seines Erachtens Simmels Lehre nicht leiste, mit welchen Erwartungen man seine Schriften nicht konfrontieren dürfe: Simmel habe *kein Bannwort für den Makrokosmos entdeckt, das alle Gestaltungen des Daseins sich* unterwerfe; *den weiten umspannenden Weltbegriff* sei er *schuldig* geblieben. *Ebenso* mangele *es ihm an einer Geschichtsauffassung großen Stils, Ausdeutung des historischen Geschehens* sei *ihm fremd.* Diese Abgrenzung der Ansprüche war insofern gefordert, als sich die damalige Schulphilosophie noch in großen gesellschaftstheoretischen Entwürfen erging, weshalb der Verzicht auf allumfassende Welterklärungsmodelle zugleich einen Bruch mit der akademischen Tradition darstellte. Simmels ganze Eigenwilligkeit, so Kracauer, lasse sich bereits in der Wahl seiner Themen und Gegenstände ausmachen: *Gesellschaftliche Zustände und Bildungen wie das Verhalten der Menschen in ihnen* hätten *seine Aufmerksamkeit am stärksten beansprucht.* Das schließe *alles [...] ein, was auf den für sich seienden Einzelmenschen Bezug* habe, das *Seelische in jeder Gestalt, [...] Gefühle, Sehnsüchte und Begehrungen.* Zu den besonderen Kennzeichen seiner Arbeiten gehöre darüber hinaus, dass sie stets *von erkenntnistheoretischen Untersuchungen* durchsprengt seien bzw. von *erkenntniskritischen* Reflexionen zur *Forschungsmethode* eingeleitet würden. Eine befriedigende Antwort auf die Frage, *wie [...] Simmel das ihm gegebene Rohmaterial* verarbeite, bleibt dieser Aufsatz jedoch schuldig, da Kracauers Ausführungen ständig zwischen methodologischen Erläuterungen, solchen zu Simmels Art der Materialdarbietung sowie zu den Voraussetzungen seiner Darstellungsweise hin- und herschwanken. Gemessen an der Klarheit, mit der das Problem angesprochen wird, muten die Betrachtungen merkwürdig ausweichend an. Nur einmal scheint sich Kracauer unmissverständlich festzulegen: dort, wo er Simmel einen *praktisch betätigte[n] und auch theoretisch begründete[n] Relativismus* bescheinigt. Ansonsten zeitigen seine Aussagen – um es hier mit den Worten der Monographie selbst zu sagen – *Ergebnisse [...] von einer eigentümlichen Unfaßlichkeit.*[80]

Genau darin jedoch spiegelt die Arbeit im Grunde genommen nur die Schwierigkeiten der selbst gestellten Aufgabe wider. Wie Simmels Denken insgesamt, so entzieht sich auch sein methodisches Vorgehen einer unzweideutigen Festlegung. Und dessen war sich sein Interpret durchaus bewusst. Ebenso wenig wie sich Simmel je Zurückhaltung in der Wahl seiner Gegenstände auferlegt hat – tiefgründigen Betrachtungen zu philosophischen und soziologischen Kernproblemen stehen solche über völlig abseitige

Gebiete akademischer Forschung zur Seite («Philosophien» zu «Brücke und Tür», zum «Abenteuer» und zum «Henkel» eines Gefäßes sowie «Soziologien» der «Mahlzeit» oder auch der «Geselligkeit») –, mochte er sich auf eine klar umrissene Untersuchungs- oder Darstellungsmethode festlegen. Diesen zum Prinzip erhobenen Themen- und Methodenpluralismus spiegelt zuletzt noch die Gattungsvielfalt seiner Schriften wider, die man je nach Vorlage als «historische Darstellung», «philosophische Abhandlung», «Essay», «Feuilleton» oder (beinahe) «empirische Untersuchung» einordnen würde. Insofern hat Kracauer – positive Kehrseite seiner immanenten Schwierigkeiten – schließlich eine sehr glückliche Definition für die überwältigende Vielfalt und damit für das Charakteristische in Simmels Denken und Schreiben gefunden: *Je unsystematischer ein Geist – und Simmel gehört durchaus zu den unsystematischen Denkern – desto weniger wurzeln seine Leistungen in Überzeugungen, die das volle Licht begrifflicher Klarheit vertragen; die lebendige Einheit des von ihm Geschaffenen kann zwar einfühlend nacherlebt, jedoch niemals aus einem dem Leben entfremdeten und erstarrten Grundbegriff abgeleitet werden.*[81] In einer Zeit, die seiner Überzeugung nach die Fähigkeit eingebüßt hatte, der Mannigfaltigkeit der Welt in einer geschlossenen Theorie habhaft zu werden, ist die Abkehr von allumfassenden Gesellschaftskonzeptionen mit ihrem vorformulierten Begriffsapparat nur eine logische Konsequenz des Denkens, und insofern gewinnt Kracauer ihr eher positive Aspekte ab.

Damit sei nicht zugleich behauptet, Simmel habe den Blick fürs Ganze der Geschichte oder Gesellschaft verloren. Zwar zeichnen seine Schriften die Konturen einer komplexeren Welt allenfalls schemenhaft nach; auch holt er nie zu einem wirklich umfassenden Wurf aus – als Phänomenologe, der er stets blieb, gebärdet er sich nicht als Theoretiker, der ganze Gesellschaften und Epochen auf den Begriff bringt. Jedoch stehen bei ihm, und diesen Aspekt hebt Kracauer als das *Kernprinzip* seines *Denkens* heraus, *alle Äußerungen geistigen Lebens [...] in unnennbar vielen Beziehungen zueinander, keine ist herauslösbar aus den Zusammenhängen, in denen sie sich mit anderen befindet.* Die in jeder isoliert genommenen Schrift abwesende Totalität bleibt demnach insofern im Blickfeld, als *aus dem Prinzip, daß alles mit allem in Beziehung steht, [...] un-*

*mittelbar die Einheit der Welt* folgt. *Jeder Einzelzusammenhang weist auf sie hin [...].*[82]

Bemerkenswert an Kracauers weiteren Ausführungen zu Simmels Verfahrensweise sind weniger die Definitionen, die er anbietet: So zutreffend und glücklich der Hinweis auf *Simmels ungemein feine[s] Beobachtungsvermögen* und seine *Reizbarkeit ohnegleichen* auch sein mag – für sich genommen erklärt er kaum etwas. Vielmehr sind es die (häufig metaphorischen) Umschreibungen, die sich wie programmatische Äußerungen in eigener Sache lesen. *Man kann noch durch die kleinste Nebenpforte in den Mittelpunkt menschlichen Wesens gelangen*: Was hier auf Simmel gemünzt ist, bringt zugleich eine Überzeugung Kracauers auf den Begriff, die – explizit oder unterschwellig – zahllosen seiner Schriften aus der zweiten Hälfte der zwanziger und frühen dreißiger Jahre zugrunde liegt. Und wer würde nicht die Bemerkung, *bezeichnend für* Simmel sei, *daß er* sich *bei seinem Gang durch die Welt [...] stets* bemühe, *entfernteste Dinge zusammenzubringen*, sogleich mit jenem berühmten Satz aus der Untersuchung über die Berliner Angestellten aus dem Jahre 1929/30 in Verbindung bringen, in dem es heißt: *Nur von ihren Extremen her* könne *die Wirklichkeit erschlossen werden?*[83]

Überhaupt fällt einem, lässt man die Monographie über Simmel noch einmal Revue passieren, eine ganze Reihe von Begriffen, Umschreibungen und methodischen Handreichungen in den Schoß, die, mutatis mutandis, in Kracauers späteren Schriften an zentraler Stelle wieder auftauchen. Häufig verändert sich kaum etwas im Wortlaut. So wird aus einem *Gang durch die Welt* (der Phänomene)[84] ein Wandern durch die gegenständliche oder auch *leibhaftige* Welt[85]. Oder die Simmel'sche *Eroberung der Totalität*[86] verwandelt sich in den programmatischen Äußerungen seines Interpreten zu einer *Eroberung der Wirklichkeit*[87]. Und wenn er in Simmel den *geborene[n] Mittler zwischen der Erscheinung und den Ideen* sieht[88], so antizipiert er damit im Grunde genommen nur ein eigenes Credo, das er in den *Angestellten* modellhaft vorführen sollte: Erst die Vermittlung von Erfahrung und Erkenntnis, Empirie und Theorie, Leben und Idee treibt jenes Exemplarische aus dem Gegenstand heraus, das dann die jeweilige Situations- bzw. Zeitdiagnose konstituiert.[89] Wo Kracauer dann noch als Kennzeichen der Simmel'schen Methode heraushebt, er zertrümmere den betrachteten Gegenstand allein in der Absicht, ihn anschließend neu zusammenzusetzen und ihm auf diese Weise eine andere, überraschende Bedeutung abzugewinnen, ist dies ein Verfahren, das er selbst in nicht wenigen seiner späteren Schriften praktiziert hat. In ihnen zerfällt das Leben unter der Hand des Betrachters *in lauter einzelne Teile, aus denen er die Bruchstücke eines anderen Lebens* improvisierend zusammensetzt.[90]

Diese Aufzählung ließe sich fortsetzen, doch dürften bereits die wenigen Beispiele illustriert haben, dass Kracauers Denken in einigen der zentralen Anliegen seine (Simmel'sche) Herkunft gar nicht verhehlen kann. Gleichwohl lassen sich nach 1923 kaum mehr Veröffentlichungen Kracauers ausmachen, in denen Simmels Name überhaupt noch fällt, geschweige denn an exponierter Stelle. Es ist, als hätte er ihn aus seinem Wortschatz getilgt. Im Geheimen aber, gewissermaßen anonym, lebt Simmels Denk- und Schreibart im Werk seines Schülers fort. Wie sehr beide Kracauer weiterhin die Hand führen und beschäftigen, ist u. a. jenen Publikationen zu entnehmen, für die sich seit Benjamin der Begriff des «Denkbildes» eingebürgert hat. Es handelt sich um Publikationen mit ebenso merkwürdigen Titeln wie Gegenständen: *Falscher Untergang der Regenschirme, Das Monokel, Die Hosenträger, Das Schreibmaschinchen*[91]. Ihr Modell bilden zweifelsohne ähnliche Betrachtungen Simmels. Dennoch bezeichnen sie zugleich schon das Trennende zwischen Lehrer und Schüler. Mögen sie Simmel in der Abseitigkeit des Themas und der Passion, mit der sich Kracauer hier *unscheinbaren Oberflächenäußerungen*[92] seiner Zeit widmet, noch verpflichtet sein – in ihrer Stoßrichtung sind sie es kaum mehr. Dieser «Orbis pictus» des «Hausrats einer sterbenden Klasse», wie Benjamin diese Aufzeichnungen einmal genannt hat, steckt voller politischer Anspielungen und Invektiven: Im Grotesken gewinnen diese Bilder «eine klare, legitime, politische Beziehung»[93]. Genau diesen Aspekt aber sucht man in den Essays und Aphorismen des außerordentlichen Professors vergebens. So hat denn Kracauer, um hier im Bild der eingangs zitierten Tagebuchaufzeichnung Simmels zu bleiben, seinen Teil der Erbschaft schließlich seiner Natur – und seiner Zeit – gemäß investiert.

# Es wäre gut, etwas von seiner Zeit zu wissen

## 1926–27

Ohne damit gleich einer grundsätzlichen Wende seines Denkens das Wort reden zu wollen, lässt sich doch an Kracauers Schriften aus der Zeit um die Mitte der zwanziger Jahre ein deutlicher Haltungswandel ablesen. Der kategoriale Rahmen seiner Kulturphilosophie und -kritik bleibt weitgehend derselbe, die Begriffe aber, die die Fluchtpunkte seiner produktiven Anstrengungen bilden – Wirklichkeit, Leben, Humanität, Entzauberung und andere –, erfahren entscheidende Korrekturen und Erweiterungen. Auffällig ist zunächst der neue Ton, er ist offener, bestimmter und nicht selten aggressiver. Darüber hinaus verändert sich die Perspektive seiner Veröffentlichungen: Der alles andere als unterschwellige Kulturpessimismus weicht einer dediziert sozialkritischen Sicht, die die politischen und kulturellen Manifestationen der Zeit nicht länger als Ausdruck des bloßen Verfalls deutet. Schließlich gewinnen völlig andere Themen Kracauers besondere Aufmerksamkeit. Die großen philosophischen und erkenntnistheoretischen Probleme der so genannten Hochkultur treten in den Hintergrund. Stattdessen widmet er sich mehr und mehr den von ihr vernachlässigten beziehungsweise gering geschätzten Aspekten des Alltagslebens: Kino und Film, Sport und Revue, Straßen und Stehbars – mithin Phänomenen, die unter den Begriff «Populärkultur» fallen.

Sehr unterschiedliche Dinge – gesellschaftliche wie intellektuelle, zuletzt auch persönliche – dürften diesen Wandel der Interessen und Anschauungen bewirkt haben. Einerseits sind die Jahre um 1925 zweifellos von einer innen- und außenpolitischen, wirtschaftlichen und sozialen Konsolidierung geprägt, die freilich von deutlich restaurativen Tendenzen begleitet war. Andererseits stabilisierten sich auch Kracauers private Verhältnisse: 1924 wird er endlich bei der «Frankfurter Zeitung» fest angestellt; seine zeitweilig äußerst konfliktreiche Beziehung zu Theodor W. Adorno

Theodor W. Adorno (1903 – 1969), Anfang der zwanziger Jahre:
«Für meinen Friedel dies traurige Bildnis zum Andenken an die Dolomitenreise, 2. September 1924 auf der Fahrt zum Gardasee.»
(Widmung auf der Rückseite des Passfotos von Theodor W. Adorno)

erfährt – auf zwei Italienreisen 1924 und 1925 – eine weitgehende Klärung, und an der Jahreswende 1925/26 lernt er seine zukünftige Ehefrau Elisabeth Ehrenreich kennen. Schließlich eröffnen sich ihm durch das intensive Studium der Schriften von Karl Marx, des französischen Materialismus und von Georg Lukács' «Geschichte und Klassenbewußtsein» intellektuell völlig neue Horizonte, über die er sich vor allem mit Ernst Bloch austauschte.

Damit ist zugleich gesagt, dass sich dieser Wandel nicht von einem Tag auf den anderen vollzog. Das hätte im Übrigen auch so gar nicht Kracauers bis dahin geübter skeptisch-abwartender Haltung entsprochen.[94] Vielmehr kündigt er sich sukzessive und in zahlreichen Arbeiten mit unterschiedlichen Gegenständen an. Relativ früh und auffallend ostentativ in einer Schrift, deren Titel und Thema nichts davon ahnen lassen. Die Rede ist hier von dem in zwei Folgen, am 27. und 28. April 1926, in der «Frankfurter Zeitung» erschienenen Artikel *Die Bibel auf Deutsch*. Es handelt sich dabei um die Besprechung einer neuen Übersetzung der Heiligen

Von Kracauer stammende, anonym veröffentlichte Notiz aus der «Frankfurter Zeitung» vom 26. Januar 1926

Schrift, deren Autoren Martin Buber und Franz Rosenzweig für Kracauer alles andere als unbeschriebene Blätter waren. Die Vortrags- und publizistische Tätigkeit Bubers hatte er eher wohlwollend-zustimmend als tadelnd-ablehnend, auf jeden Fall aber mit großer Aufmerksamkeit und tieferem Interesse verfolgt. Rosenzweig hingegen kannte er aus seiner Mitarbeit am «Freien Jüdischen Lehrhaus» sogar näher, ohne dass aus dieser persönlichen Verbindung jedoch eine engere Freundschaft erwachsen wäre. Autobiographische Zeugnisse Rosenzweigs lassen eher auf ein von allerlei Animositäten getrübtes Verhältnis schließen (als eintönig und «inferior» empfand er den «Frankfurter Zeitungs-Schmock» Kracauer[95]). Gleichwohl stellt die Besprechung keine billige Retourkutsche auf Herabwürdigungen dar, von denen

Ernst Bloch (1885 – 1977), 1925

49

man nicht einmal weiß, ob sie dem Betroffenen überhaupt zu Ohren gekommen sind.

Zur Vorgeschichte der Rezension gehört eine Verlagsanzeige, deren Lobhudelei über «kosmisch[e] Tiefe» und «rhythmisch[e]» Unnachahmlichkeit, «unerhört[e]» Übersetzungstreue und «edelste[s] Deutsch» dieser neuen Bibel-Übertragung[96] Kracauer zu einer anonymen Glosse animierte, die von den Übersetzern und ihrem Kreis übel aufgenommen wurde. Sie antworteten mit geharnischten Protestschreiben gegen die in ihren Augen ressentimentgeladene Notiz «eines sich zurückgesetzt fühlenden Menschen». Und Buber erwartete schließlich einen «sozusagen wiedergutmachenden Artikel über das Buch» in der «Frankfurter Zeitung».[97] Doch statt Entschädigung für Hohn und Spott ließ Kracauer drei Monate später einen völligen Verriss des Werks folgen.

Auffallend an der Besprechung sind vor allem zwei Dinge: Bei aller Anerkennung für Bubers kulturzionistisches Wirken einerseits und der nicht zu unterschätzenden Bedeutung von Rosenzweigs «Stern der Erlösung» für die Entwicklung nicht weniger jüdischer Intellektueller andererseits steht die Schärfe und Grundsätzlichkeit der Kritik doch in einem beinahe grotesken Missverhältnis zur Bedeutung des Ereignisses; zum Zweiten gründet die Kritik an der in diesem Werk zum Ausdruck kommenden Haltung auf keinem mit dieser Veröffentlichung explizit verbundenen Anspruch der Übersetzer, denn die neue deutsche Bibel erschien kommentarlos und ohne textkritischen Apparat.

Siegfried Kracauer gibt vor, seine Urteile basierten auf einer rein immanenten Analyse der *deutschen Sprachform*. Doch ohne detailliertere Kenntnis der Entstehungsgeschichte dieses Werks sowie eine intime Vertrautheit mit der *Lebens- und Erkenntnishaltung* Bubers und Rosenzweigs hätte er sich kaum zu derart weitreichenden Schlussfolgerungen verleiten lassen. Deren *Lebenspraxis* war ihm noch so nahe, dass sich die Besprechung über weite Strecken wie eine Abrechnung in eigener Sache liest. Denn auch er war zeitweilig von jener *religiösen Erneuerung* angerührt, in deren Kontext er die Übersetzung rückt und die – in ihrer jüdischen, in ihrer katholischen oder protestantischen Ausprägung – das eigentliche Ziel seiner Attacken ist. Seiner Meinung nach stand die neue Bibel-Verdeutschung für die allerorten zu beobachtenden

Bemühungen, *die Abkehr von der verfallenden idealistischen Philosophie grundsätzlich zu vollziehen* und damit die *Wendung von der Theorie zur Praxis.* Insofern manifestiere sich im Werk keine bloß *theoretische Bewusstseinshaltung* oder gar ein *rein innerreligiöses Unterfangen.* Vielmehr verfolge es höhere, allgemeine und existenzielle Ziele: Das Unternehmen hebe darauf ab, *unmittelbar den ganzen Menschen oder die Gemeinschaft gar anzusprechen.*[98]

Diesen eher aus der intellektuellen Biographie Bubers und Rosenzweigs abgeleiteten Anspruch misst Kracauer im Folgenden an der Haltung, die *die in sich geschlossene deutsche Sprachform der Übersetzung* zum Ausdruck bringe. Denn seinem Credo nach treibe die Sprache Überzeugungen ungeschützt und unverhüllt heraus. Das vernichtende Urteil, das die Bibel-Übersetzer erfahren, ist rasch zusammengefasst. Ihrer Übertragung wird jede Aktualität abgesprochen: *Diese Schriftverdeutschung rührt die Gegenwart nicht auf.* Ihre Sprache verrate Gehalte, die nicht *von heute* seien, ja nicht einmal *aus biblischen Zeiten* herüberschallten. Ihre Begriffe finde sie vielmehr im *mythologischen Bereich und der altertümelnden Neuromantik des ausgehenden 19. Jahrhunderts*[99], im

Martin Buber
(1878 – 1965), um 1925

Franz Rosenzweig
(1866 – 1929), um 1920

Runenzauber Richard Wagners und den Populärergüssen eines Felix Dahn oder Gustav Freytag.[100] Die Haltung schließlich, die an der *archaisierend[en]* Sprache, ihrem *völkischen Tonfall*, an diesem ganzen *romantisch-willkürhafte[n] Versuch Bubers und Rosenzweigs* ablesbar werde, sei *ideologisch, reaktionär* und *wirklichkeitsfremd*.[101]

Diese Charakteristika, die Übersetzer und Werk, um es mit einem Benjamin'schen Begriff zu sagen, «annihilierten»[102], und andere Attribute (*der romantische Gestus* der Bibel-Verdeutschung[103], ihre bedenkliche Nähe zu völkischem Gedankengut[104], die allgemeine Deutschtümelei u. a. m.) dürfen mit allenfalls geringfügigen Einschränkungen Geltung auch für eine ganze Reihe von Kracauers eigenen Schriften beanspruchen, deren Erscheinen noch nicht lange zurücklag. Freilich, die (Selbst-)Erkenntnis lässt den Kritiker völlig andere Wege einschlagen als die Kritisierten. Sein *Gang* in Richtung der auch von Buber und Rosenzweig anvisierten *Wirklichkeit* führt nicht mehr zurück in religiöse Welten – und mögen sie noch so sehr mit fundamentalen Ansprüchen daherkommen, das heißt im Gewand existenzieller Erneuerung auftreten –, sondern in die Sphären des Profanen. *Die Wirklichkeit,* so heißt es bereits in der Rezension, lasse sich *allein auf dem Weg durch die «Unwirklichkeit» des Profanen hindurch [...] erlangen: Denn der Zugang zur Wahrheit ist jetzt im Profanen.*[105] Und in seiner Replik auf eine Erwiderung der Übersetzer – die Besprechung hatte einigen Wirbel ausgelöst – nennt er die Voraussetzungen eines «Programms», das darauf abzielt, *das Wort [...] unserer Zeit* zu einem *Instrument der Wahrheit* zu machen, die *das Bestehende* angreift: Man müsse *etwas von soziologischen Dingen [...] wissen*, und das ist für Kracauer, der hier einen Goethe'schen Satz variiert, gleichbedeutend mit *etwas von seiner Zeit*.[106]

In seinem 1927 erschienenen Essay über *Das Ornament der Masse* hat er dann dieser Überzeugung, wesentliche Einsichten in die Zeit ließen sich nur noch auf dem Umweg einer Betrachtung der «unwirklichen» Welten, das heißt der (gemeinhin vernachlässigten) profanen Manifestationen einer Epoche erlangen, exemplarischen Ausdruck verliehen. In einer Arbeit, die in nuce bereits alle entscheidenden Begriffe und methodischen Handreichungen seiner Gesellschaftskritik der späten zwanziger Jahre enthält, heißt es gleich zu Beginn und fast apodiktisch: *Der Ort, den eine Epoche im Geschichtsprozess einnimmt, ist aus der Analyse ihrer unscheinbaren Oberflächenäußerungen schlagender zu bestimmen als aus den Urteilen der Epoche über sich selbst. Diese sind als Ausdruck von Zeittendenzen kein bündiges Zeugnis für die Gesamtverfassung der Zeit. Jene gewähren ihrer Unbewusstheit wegen einen unmittelbaren Zugang zu dem Grundgehalt des Bestehenden.*[107] Was folgt, ist die Demonstration dieser im Grunde genommen Simmel'schen These, wonach unscheinbarste Phänomene, richtig gelesen, gesellschaftliche Erkenntnis preisgäben. Und dazu entführt Kracauer seine Leser auf ein Gebiet, dem sich die damalige Kulturkritik, vom gutbürgerlichen Publikum der «Frankfurter Zeitung» ganz zu schweigen, allenfalls naserümpfend widmete: dem der Körperkultur.

Mit den Darbietungen der Tillergirls und anderer amerikanischer Massenrevuen, die in den Jahren nach der Inflation die europäischen Bühnen eroberten – darunter auch durchaus renommierte wie beispielsweise die des Großen Schauspielhauses in Berlin[108] –, hatte sich die auch mit ästhetischen Ansprüchen auftretende *rhythmisch[e] Gymnastik* zu einem wahren Kult entwickelt,

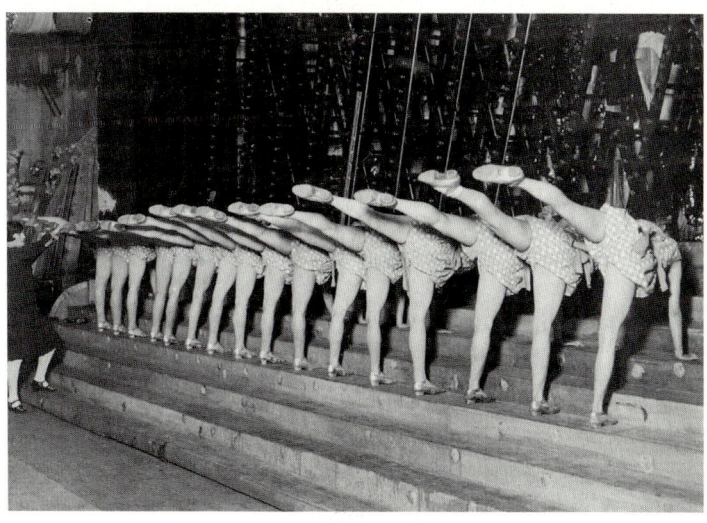

Vormittagsprobe der Tillergirls in der Scala, 1927

dessen Zeichen tiefe Einblicke in Zeit und Gesellschaft vermittelten. Für Kracauer verdichteten sich die *mathematischen Demonstrationen* dieser *Mädchenkomplexe* zu *Figuren* – Konfigurationen oder eben (Massen-)Ornamenten –, die ihrer *Struktur* nach die *gegenwärtig[e] Gesamtsituation* beziehungsweise *das Prinzip des kapitalistischen Produktionsprozesses* treu widerspiegelten. Sie bildeten, wie es präzisierend dazu heißt, den *ästhetische[n] Reflex der von dem herrschenden Wirtschaftssystem erstrebten Rationalität.*[109]

Dieses Wort von der «kapitalistischen Rationalität» hat, ähnlich wie in Max Webers Schriften über die protestantische Ethik, zunächst keinerlei negativen Beigeschmack. Im Gegenteil! Da Kracauer Geschichte als unablässigen Kampf einer *schwachen [...] Vernunft gegen die Naturmächte* beziehungsweise das *mythologisch[e] Denken* konzipiert, stellt die *kapitalistische Epoche* für ihn eine geradezu notwendige *Etappe auf dem Weg zur Entzauberung* dar. Deshalb auch besteht für ihn das *Gebrechen des Kapitalismus* nicht darin, *zu viel*, sondern *zu wenig* zu rationalisieren. Die *Ratio* dieses *Wirtschaftssystems* sei eben noch *nicht die Vernunft selber, sondern* allenfalls *eine getrübte Vernunft.* Denn sie lasse *von einem bestimmten Punkte ab [...] die Wahrheit im Stich*, weil *sie [...] den Menschen nicht* einbegreife. Sie bleibe mithin abstrakt. Historisch betrachtet, habe sie zwar den *Prozess der Entmythologisierung* und damit die Befreiung des Menschen aus undurchschauten Naturzusammenhängen entscheidend vorangetrieben, aber heute sei sie eben auch an Grenzen gestoßen, die das *gegenwärtige Denken* nur überschreiten könne, wenn sich zugleich das herrschende *Wirtschaftssystem wesentlich* wandle. Aus dieser Bestandsaufnahme leitet Kracauer dann die Forderung an Philosophie und Gesellschaftskritik ab, *die Natur* im *Denken* einzuschränken und *den Menschen so* herzustellen, *wie er aus Vernunft ist. Dann* werde sich *die Gesellschaft [...] ändern.*[110]

An dieser Stelle mag die Frage gestattet sein, ob der Umweg über die Analyse des Phänomens der Massenrevue notwendig war, um zu Schlussfolgerungen zu gelangen, mit denen die Notwendigkeit einer grundlegenden Veränderung der gesellschaftlichen Verhältnisse zum Programm erhoben wird. Gemessen an einigen modischen Gesellschaftstheorien der Zeit, die durch diese Betrachtungen korrigiert, ergänzt und umso manches empirische

Detail bereichert werden, wird man sie noch bereitwillig bejahen. Doch im Ganzen besehen überschreitet die Darstellung in kaum etwas Einsichten und Erkenntnisse, wie sie substanziell in den Schriften eines Karl Marx oder Max Weber längst niedergelegt waren. So sei denn dieser Essay weniger als ein besonders gelungenes Modell gelesen denn vielmehr als ein erster Versuch des Autors, seinen gewandelten Ansprüchen in Stil und Komposition, Forschungs- und Darstellungsmethode gerecht zu werden.

In seiner jahrelangen Tätigkeit als Journalist hat Kracauer die Niederungen des gesellschaftlichen Daseins in allen Facetten kennen gelernt und die Bewohner des deutschen Kosmos an den entlegensten Orten aufgesucht: in Arbeitsämtern, bei Demonstrationen, in Spelunken und Vergnügungslokalen, auf Sport- und politischen Veranstaltungen, am häufigsten aber in einer Lokalität, die gewissermaßen der Ort der kleinen Leute war – in den Kinos oder, wie es damals meist noch hieß, in den «Lichtspieltheatern». Mehr oder minder von Anbeginn seiner Zeit bei der «Frankfurter Zeitung» hat er Filmkritiken geschrieben, doch systematische Form nahm diese Tätigkeit erst ab Mitte der zwanziger Jahre an. 1924 wurde sein Freund und Mentor Benno Reifenberg Leiter des Feuilletons, und im Zuge dieses Revirements gelang es Kracauer, sich das Film-Ressort der Zeitung zu sichern. Damit hatte er Gelegenheit, sich intensiv einem, in doppeltem Sinne, «profanen» Gegenstand zu widmen: einer ebenso «junge[n]» wie «noch unverschmockte[n] Kunst», die zudem (nach Meinung des hier zitierten Filmkritikers und -theoretikers Béla Balàzs) «mit neuen Urformen der Menschlichkeit» arbeitete.[111]

Dem (postumen) Urteil seines Freundes Adorno zufolge hat Kracauer «die Filmkritik in Deutschland überhaupt erst auf Niveau» gebracht.[112] Zutreffend an diesem gern zitierten Wort ist so viel, dass er zweifelsohne zu den Pionieren auf diesem Gebiet und den renommiertesten Vertretern seines Fachs zählte. Ansonsten aber stellt Adornos Einschätzung eher eine ungerechte Herabsetzung all derjenigen dar, die sich mit ähnlicher Verve und Originalität um eine Materie bemühten, deren Kategorien und Methoden erst zu erarbeiten waren. Mochte auch der Film Anfang der zwanziger Jahre bereits große Erfolge feiern und damit seinen Kinder-

schuhen entwachsen sein – die Filmkritik war es allemal noch
nicht. Und zu den ersten, die sie aus ihrer ursprünglich fast völligen Abhängigkeit von der Industrie herauslösten, gehörten zunächst einmal Kurt Pinthus, Hans Siemsen sowie mit gewissen
Abstrichen Willy Haas. Was Kracauer dann 1932, seine mehrjähri-
ge Tätigkeit in diesem Bereich zusammenfassend, als *die Aufgaben
einer unabhängigen Filmkritik* formulierte [113], waren Ansprüche, die
in den vorausgegangenen Jahren Fachkollegen auf ihre Weise und
mit nicht geringeren Verdiensten erfüllt hatten: Rudolf Arnheim
in der «Weltbühne», Axel Eggebrecht im «Tage-Buch» und Hans
Sahl in der Berliner Wochenzeitung «Der Montag Morgen».

Siegfried Kracauers früheste Arbeiten – Artikel grundsätz-
licher Art über den *Film als Erzieher* [114], über den Dokumentarfilm
sowie Besprechungen einiger Monumentalwerke – datieren bereits aus dem Jahr 1921. Es handelt sich jedoch noch um ver-
einzelte, in seiner damaligen journalistischen Tätigkeit eher isoliert dastehende Versuche. Ab 1923/24 veröffentlichte er dann re-
gelmäßiger Filmkritiken, doch geraten auch diese Arbeiten nur
selten zu mehr als bloßen Referaten über Inhalt, mitwirkende
Schauspieler und Regisseure. Die kritische Diktion, die seinen
schließlich auch internationa-
len Ruf als Filmkritiker begründete, fehlt noch weitgehend diesen ersten tastenden Versuchen,
sich von den Charakteristika
des Mediums «Film» einen Begriff zu machen. Zu Einsichten
und Forderungen, wie sie ein
programmatischer Artikel aus
dem Jahre 1932 entwickelt, gelangte Kracauer erst nach und
nach, im wahrsten Sinne des
Wortes von Film(besprechung)
zu Film(besprechung). In dieser
*Über die Aufgabe des Filmkritikers*
betitelten Arbeit fasste er – vor
dem Hintergrund seiner mittlerweile zahllosen Analysen der

«Übrigens», fügt Kracauer hinzu,
«schreibe ich nicht über jeden
Film, wenn ich auch zwecks Infor-
mation jede Filmpremiere besuche.
Besprochen wird nur, was zu gene-
rellen Auseinandersetzungen An-
laß gibt.» [...] Wie soll eine Filmkritik aussehen? [...] Drei Punkte
nennt Kracauer: Der Filmkritiker
muß etwas von der Technik des
Films verstehen. Der Filmkritiker
soll sich einer soziologischen Betrachtungsweise bedienen; d. h.
die Gehalte des Films auf ihren
Einfluß auf das Publikum und ihr
Verhältnis zu allen heutigen Strömungen prüfen. Der Filmkritiker
hat ästhetische Analysen vorzu-
nehmen.
Aus dem Berliner «Film-Kurier»,
1930

technischen, ästhetischen und sozialen Aspekte des zeitgenössischen Films – Voraussetzungen, Auftrag und Inhalte einer *unabhängigen Filmkritik* wie folgt zusammen: Der *Film* sei *innerhalb der kapitalistischen Wirtschaft eine Ware* wie jede andere und werde daher, von Ausnahmen abgesehen, *nicht im Interesse der Kunst oder der Aufklärung der Massen produziert, sondern um des Nutzens willen, den er abzuwerfen* verspreche. Der Kritiker habe die *sozialen Absichten, die sich oft sehr verborgen in den Durchschnittsfilmen geltend* machten, *aus ihnen herauszuanalysieren und ans Tageslicht zu ziehen*, indem er das *Gesellschaftsbild*, das *die zahllosen Filme* mitsetzten, herausarbeite. *Ferner* habe er *die Scheinwelt* der Filmrealität *mit der gesellschaftlichen Wirklichkeit* zu konfrontieren und aufzudecken, *inwiefern jene diese* verfälsche; der *Filmkritiker von Rang* habe sich demnach *als Gesellschaftskritiker* zu betätigen, dessen *Mission* darin bestehe, *die in den Durchschnittsfilmen versteckten sozialen Vorstellungen und Ideologien zu enthüllen und durch diese Enthüllungen den Einfluß der Filme selber überall dort, wo es nottut, zu brechen.*[115] Wie sich gewisse ideologische Gehalte bis in die Handhabung der technischen Apparatur hinein verfolgen lassen, darüber finden sich in den ersten Kritiken allenfalls vorsichtige, meist im Vagen bleibende Andeutungen. Selbst tiefgründigere Besprechungen monumentaler Historienfilme wie «Ben Hur» sowie der Werke Chaplins («The Gold Rush») und Eisensteins («Panzerkreuzer Potemkin»[116]) schlagen nur einige wenige der zentralen Themen an, die schließlich die Substanz der zusammenfassenden Werke zur Geschichte und Soziologie des deutschen Films von 1918 bis 1933 (*Von Caligari zu Hitler*) sowie der *Theorie des Films* bilden: Fragen nach der Gestaltung der Wirklichkeit im Film, die Behauptung von seiner realitätsbewahrenden Kraft und die Herausstellung dessen, was Kracauer *das reine Menschliche*[117] im Film nennt.

Die Hinwendung zum Film besaß für ihn eine mehrfache Logik. Zum einen rechnete er ihn jener Oberflächen-Dimension *des Entwirklichten, Niedrigen* zu[118], in der besonders deutlich die Verstellungen des Lebens fassbar würden. Die Analyse des Films bot also Möglichkeiten, der sozialen Wirklichkeit im Spiegel einer zweiten, konstruierten, ansichtig zu werden. Der Film war eingestandenermaßen so unwirklich, wie sich dem Zeitgenossen die (Ir-)Realität der damaligen Jahre darbot, und seine Kritik deshalb

Charlie Chaplin in «The Gold Rush», 1924

ein geradezu privilegiertes Medium allgemeiner Gesellschaftskritik. Zum Zweiten stellte der Film Kracauers Meinung nach insofern den Modellfall einer Wirklichkeitsanalyse dar, als sich längst Tendenzen vom rein dokumentarisch-abbildenden zum fiktional-narrativen Film durchgesetzt hatten: Seine komplexer werdende Syntax alternierender und Parallelmontagen, die Dekonstruktion der Einheit des Raums im Werk hatten ihre genaue Entsprechung in der politischen, sozialen und kulturellen Wirklichkeit. Und schließlich hatte der Film die *Art* des *Sehens* grundlegend verändert, indem er das Publikum *daran* gewöhnte, *die Gegenstände nicht mehr von einem festen Standort aus zu betrachten, sondern sie zu umgleiten und unsere Perspektiven frei zu wählen.* Er vermochte damit die Dinge in ihrer *Bewegung* zu fixieren.[119] Der Film war also in jeder Hinsicht auf der Höhe der Zeit, er konstituierte den exemplarischen Fall einer völlig veränderten Wirklichkeitswahrnehmung, und seine Komplexität entsprach der einer gesellschaftlichen Wirklichkeit, die Kracauer in diesen Jahren auf allen Ebenen und in allen nur erdenklichen Darstellungsweisen dingfest zu machen suchte.

# Nichts für Pazifisten
# oder Generäle

## «Ginster. Von ihm selbst geschrieben», 1928

Als die «Frankfurter Zeitung» im April 1928 umfangreiche Fragmente aus dem «großen, noch unveröffentlichten Roman: *Ginster*» publizierte[120], wurde das Ereignis sogleich als Begegnung mit einer «jungen deutschen Erzählkunst» gefeiert, die vor allem an Franz Kafka erinnere.[121] Soweit diese Lobeshymne auf einen bloßen Vorabdruck hin als Werbung für ein noch gar nicht erhältliches Buch gedacht war, verfehlte sie zunächst ihre Wirkung. Es sollten noch fast acht Monate vergehen, ehe der Berliner S. Fischer Verlag das vollständige Werk herausbrachte. Joseph Roth, der sich sehr nachdrücklich und am Ende erfolgreich für die Schrift seines Freundes eingesetzt hatte, meinte damals, das Zögern der Verlage – der *Ginster* war auch Bruno Cassirer und Kurt Wolff angeboten worden – spiegele vor allem eines wider: wie sehr der Sinn für literarische «Qualität» abhanden gekommen sei in einer «chronisch» unsicheren Zeit, die «die Leute unaufhörlich schwanken» lasse.[122] Abgesehen davon aber dürften sich die Lektoren in ihrer anfänglichen Zurückhaltung auch von eher geschäftlichen Bedenken haben leiten lassen. Denn zum einen handelte es sich

Für Benno Reifenberg

in Dankbarkeit für
den Singter
in Freundschaft.

Krac

4. Mai 1928

Widmung Kracauers
auf dem Zeitungsabdruck
seines Romans «Ginster»

um den Erstlingsroman eines gar nicht mehr so jungen Autors, und zum anderen wollte der nicht einmal seinen Namen für das eigene Werk hergeben, womit den Verlagen die Möglichkeit genommen war, wenigstens mit dem journalistischen Renommee des Verfassers zu werben. Schon der Vorabdruck in der «Frankfurter Zeitung» war auf Wunsch Kracauers anonym erschienen[123], und die Buchausgabe wies schließlich ebenso wenig seinen Namen aus.

Überblickt man Kracauers Veröffentlichungen bis zu diesem Zeitpunkt (bereits weit über 1000 Bücher und Essays, Kritiken und Rezensionen, Denkbilder und Glossen!), so hat es auf den ersten Blick den Anschein, als habe er den Roman mehr aus einer Laune denn aus einem zwingenden Arbeitszusammenhang heraus geschrieben. Und den Eindruck des Okkasionellen und Improvisierten scheinen die Dokumente zur Entstehungsgeschichte dieses Werks nur zu stützen. Ihnen ist kaum mehr zu entnehmen, als dass Kracauer seinen Roman im Januar 1928, in dem er seinem Freund Ernst Bloch die ersten *7 fertig gestellten* Kapitel zur Begutachtung sandte[124], weitgehend beendet hatte. Nun sind die Quellen zur Überlieferung jedoch äußerst lückenhaft, und der falsche Eindruck resultiert zudem aus einem allzu eng gefassten Begriff von Literatur. Denn Kracauer hat sein erstes großes Erzählwerk alles andere als unvorbereitet in Angriff genommen. Der *Ginster* hat eine durchaus weit zurück reichende Geschichte. Seine «Keimzelle»[125] bildet eine bislang unveröffentlichte Novelle mit dem Titel *Die Gnade* aus dem Jahr 1913. Einzelne Handlungsfäden, Szenen und Motive dieser ebenfalls stark autobiographisch gefärbten Erzählung – Protagonist ist ein junger Versicherungsangestellter namens Ludwig Loos, der wie sein literarischer Nachfolger Ginster davon träumt, seinen er-

Besser hätte ich, sehr geehrter Herr Kracauer, dieses Jahr nicht beschließen können, als mit der Lektüre Ihres «Ginster». Nun […], wo ich dieses Buch gelesen, nein: verschlungen habe, finde ich nicht die richtigen Worte, um meiner hellsten Begeisterung dafür Ausdruck zu verleihen. Handelt es sich ja hier nicht nur um ein literarisches Meisterwerk, sondern auch, im wahrsten Sinne des Wortes, um ein document humain und damit um die restlos geglückte Vereinigung von beiden. Etwas, was mir ja immer als der Idealzustand des Kunstwerks erscheint, den ich aber nur in den seltensten Fällen erreicht finde. Sie haben es mit dem «Ginster» erreicht […].

Alban Berg an Kracauer,
31. 12. 1928

lernten, aber *ungeliebten Beruf*[126] mit dem eines Schriftstellers ein-
tauschen zu können – hat Kracauer mehr oder minder stark verändert dem Roman eingearbeitet.[127] Aus den zwanziger Jahren datieren dann eine ganze Reihe kleiner Prosaskizzen, die zwar nur in
vereinzelten Fällen dem Romanwerk einverleibt wurden[128], aber
insbesondere eines nachhaltig belegen: dass *Ginster* durchaus zahlreiche und systematische Fingerübungen vorausgingen. Und mehr
als das! Sein Autor liefert in gewisser Weise gleich die Theorie –
oder doch wenigstens Bausteine einer solchen – zu seinem Roman
mit. Niedergelegt ist sie in seinen Kommentaren zu Werken von
Ilja Ehrenburg, Joseph Roth, Konstantin Fedin und anderen. Was
immer er in diesen Literaturbesprechungen über die Aufgaben des
Erzählers, die Inhalte des Gegenwartsromans und seine formale
Gestaltung ausführt, ist stets auch pro domo gesprochen.

Als 1920 Georg Lukács' «Theorie des Romans» erschien, wür-
digte Kracauer diesen «geschichtsphilosophischen Versuch über
die Formen der großen Epik» (so der Untertitel) in den Spalten der
«Frankfurter Zeitung» mit einer ausführlichen und geradezu emphatischen Besprechung. Darin pries er das Buch als *eine so innerlich durchglühte und tiefgegründete philosophische Leistung, daß sich
ihr in unserer Zeit schwerlich etwas Ähnliches zur Seite stellen* lasse.[129]
Dieser nachhaltige Eindruck, den die Lukács-Lektüre bei ihm hin-
terließ, ist noch deutlich in seiner eigenen Romantheorie spürbar.
Bis in einzelne Formulierungen hinein erweist er sich in der Dar-
legung seiner Vorstellungen über Stoff und Darstellungsmethode,
Komposition und Sprache des Romans als folgsamer, aber auch ge-
lehriger und somit produktiver Schüler Lukács' – als einer, der dessen eher abstrakten Definition des Romans als «Ausdruck der
transzendentalen Obdachlosigkeit»[130] gewissermaßen Leben ein-
haucht.

In seiner Adaption scheut er auch nicht vor entschiedenen
Zugriffen zurück. Wo Lukács' sich noch weitgehend darauf beschränkt, in eindringlicher Weise die geschichtsphilosophische
Situation der Sinnleere in der Gegenwart zu konstatieren und in
lediglich groben Zügen nachzuzeichnen, zieht Kracauer daraus radikale Konsequenzen: Nach seiner Überzeugung ist die literarische Gestaltung der Wirklichkeit bisweilen imstande, mehr zu
leisten *als manche soziologische Abhandlungen*[131]. Bereits hier deu-

tet sich an, wie sehr in seiner «Poetik» die klaren Konturen der Gattung Roman verschwimmen. Die vorrangige Aufgabe gegenwärtiger Erzählkunst besteht seiner Meinung nach darin, *zeitgeschichtliche Hintergründe [...] in aller Ausführlichkeit* zu schildern und gegebenenfalls auch *mit bösem Sarkasmus* zu glossieren.[132] Das bedeute in erster Linie, den *Unrat des Nachkriegs-Europa* darzustellen beziehungsweise den *ganze[n] europäische[n] Kehricht [...] unter Licht* zu setzen.[133] Das alles in der Absicht, mit literarischen Mitteln *schonungslose Kritik* an *gegenwärtige[n] Zustände[n]* zu üben, *die zu verändern wären.*[134] Kracauer plädiert für eine engagiert gesellschaftskritische Literatur. Eine Erzählkunst zudem, in der die Grenzziehungen gegenüber Soziologie und Politik, Historie und (Auto-) Biographie kaum noch Bestand haben: Der Autor habe zunächst einmal *so ganz mit sich selbst über seine eigensten Erfahrungen* zu sprechen, *die ihn beschweren.* Wie wenig diese Bestimmung der Rolle des Erzählers psychoanalytisch misszuverstehen ist, also auf rein persönliche Empfindungen abzielt, macht ein weiteres Diktum deutlich: *Das Wichtigste ist das Beobachtete*[135], das heißt die Wahrnehmung der tagtäglichen Lebenswelt bis in ihre entlegensten Winkel hinein.

Den Erzähler-Autor (auch die Unterscheidungsmerkmale dieser Rollen bleiben unbestimmt) vergleicht Kracauer mit einem *Naturforscher,* der auf seinen Spaziergängen *an der Oberfläche* (die er *aus nicht untiefen Gründen* unternehme) die Welt von *innen* her auskundschafte, *unter Trümmern* umherschweife und *Merkwürdigkeiten* auflese.[136] Seine eher beiläufigen, gleichwohl bemerkenswerten Eindrücke und Erfahrungen bildeten dann *den eigentlichen Stoff* der Erzählung: *Er setzt sich aus einer Unzahl scharf geschnittener Beobachtungen zusammen*, die überdies *weder einer politischen noch weltanschaulichen Partei gutzuschreiben sind.* Vielmehr entstammten sie *einer gewissen Art schwer zu definierender Humanität,* der jedoch *keine Gefühlsduselei* zugrunde liege, *sondern eine gefühlsmäßige Einsicht in die rechten menschlichen Verhältnisse. [...] Kleine Einzelzüge und unscheinbare Gebärden sind das Material der Beschreibung.* Mit solcher Beschränkung auf *das Konkrete*[137] wachse sich der Roman am Ende zu einem *nackten Rechenschaftsbericht* aus[138], was wiederum Konsequenzen für die Art der Gestaltung seiner Personen und Handlung hat. Der Romancier sei ein *Destrukteur,* heißt es in der

Rezension eines Werkes von Ilja Ehrenburg[139], der die klassische *Romanform von innen her* zerstöre[140], indem er *Gestalten* schaffe, die zugleich menschliche wie rein sachliche, individuelle wie kollektive Züge aufwiesen: Sie personifizierten nicht irgendwelche *abstrakte[n] Erkenntnisse*, sondern gingen *zum Teil in ihren Urteilen und Einsichten auf*, erstrebten *den Eingang in jene Erkenntnisse*. Zugleich seien sie *Sprachrohr von Wahrheiten [...]*, ohne darum jedoch *an Menschlichkeit einzubüßen.*[141] Der *Held* werde so zu einem Protagonisten, *der nicht* eigentlich mehr *handelt*. Vielmehr zögen die Ereignisse, die *Inhalt[e]*, wie in einem *Wandelpanorama [...] an ihm vorbei*, und *bald* lasse er sich *ziellos* von ihnen mittreiben, *bald* bleibe *er stehen und* wisse *nicht wohin*. Die Ohnmacht oder besser: *[...] impassibilité* wird für Kracauer zu einem entscheidenden *Bestimmungsmerkmal der Form des Romans*. Seiner Überzeugung nach kann *nur ein Mensch, der nicht* mittue *und nichts* wolle, *heute Gefäß für [...] Beobachtungen sein, auf die es* ankomme. *Um ihn allein* sei *es lautlos genug; ihm allein* zeige *sich das Herrschende und das Unterdrückte in seiner wahren Gestalt.*[142]

Diese Romantheorie redet also einerseits einem Verzicht auf den Protagonisten das Wort, der einem vorgefassten Plan nach – es wäre ohnehin nur der seines Schöpfers – agiert; andererseits wendet sie sich von einer Darstellung ab, die die Handlung beziehungsweise die *Ereignisse in ein geschlossenes Schema hineinzupressen* sucht: *Die europäische Welt*, so meint Kracauer, habe längst *ihre Geschlossenheit eingebüßt*, und *es wäre daher* unehrlich, *sie im Abbild zu behaupten. Das Nebeneinander, das die Wirklichkeit* darbiete, bleibe deshalb *im Roman ein Nebeneinander. Fäden* sollen zwar durchaus *geknüpft*, aber doch auch wieder *fallen* gelassen werden, noch *ehe sie verknotet worden sind. Der Roman* habe *sie liegen* zu lassen. Er vollende nicht, sondern berichte lediglich.[143]

Hinsichtlich der Sprache eines solchen Artefakts ist Kracauer gleichermaßen lapidar wie klar: Es müsse *Rhythmus* und *Klang* besitzen, *transparent* sein, *mit kurzen Perioden* arbeiten und die *Satzteile* klar miteinander verschränken. Es dürfe *nicht in der bloßen Mitteilung stecken* bleiben, sondern habe den *Inhalt* mit zu setzen, wobei sich der Autor durchaus gewisser *Geheimmittel* bedienen dürfe wie *etwa: Die Verschiebung des Sinnakzents vom Hauptsatz auf den Nebensatz, die Herstellung von Satzkonstellationen, in denen ein fahr-*

*lässig behandeltes Wort seinem gewohnten Gebrauch enthoben wird und nun fremd leuchtet wie eine Perle im Dreck.* Sein *Ton* schließlich solle keinen *Protest* zum Ausdruck bringen, *der sich gegen die Zeit* richte, sondern in dem einer *hellen Trauer* gehalten sein, *die feststellt –* denn Trauer sei *tiefer als der Protest.*[144]

Hält man nun diese (durchaus originelle) «Theorie», wie sie hier aus zahllosen, teils beiläufigen, teils gewichtigeren Bemerkungen zusammengesetzt wurde, gegen das Licht des *Ginster*, wird rasch deutlich, dass sie den Roman nicht nur *unterbaut*, sondern *sich* zugleich *in ihm aus[spricht].*[145] Angefangen bei der Anonymität des Autors, Erzählers und Protagonisten über die autobiographischen Züge (die freilich alles *Private im Helden* zum Verschwinden bringen[146]) bis hin zu dem nicht selbständigen und abgehobenen, sondern durch die Personen hindurchscheinenden zeitgeschichtlichen Hintergrund sowie der ganzen Komposition und besonderen Sprache enthält das Werk alle Ingredienzen einer *konkreten* oder auch *materialen* Theorie, wie sie das Werk zugleich aus dem Erzählfluss hervortreibt.

Diese merkwürdige, aber durchaus originelle Verbindung literarischer Theorie und Praxis hat die Kritik, die den Roman ansonsten ausgesprochen positiv aufnahm, nicht wenig irritiert. Ihre Ratlosigkeit spiegelt sich am deutlichsten in den vergeblichen Versuchen wider, den *Ginster* literaturhistorisch und formgeschichtlich überzeugend einzuordnen. Die Phalanx der angebotenen Traditionen, denen das Werk zuzuschlagen sei, sowie der Helden, die dem Protagonisten Modell gestanden hätten, ist ebenso breit gefächert wie widersprüchlich; sie umfasst Vergleiche aus einem Zeitraum von zwei Jahrhunderten. Sie reichen zurück bis zum Walt aus Jean Pauls «Flegeljahren», dem Studenten Anselmus aus E.T.A. Hoffmanns «Goldenem Topf» und dem Peter Schlemihl Adelbert von Chamissos. Wo der Blick hingegen weniger in zeitliche Fernen schweift und im 20. Jahrhundert verbleibt, werden für gewöhnlich Analogien mit Jaroslav Hašeks «Braven Soldaten Schwejk» bemüht, oder aber man wechselt gar völlig das Medium, indem man Ginster mal als literarischen Chaplin, mal als ebensolchen Buster Keaton identifiziert.

Der Vergleich zum Film lag angesichts von Kracauers allseits bekannter Tätigkeit als Kinokritiker nahe, und er traf zudem in überaus glücklicher Weise gewisse kompositorische Charakteristika eines Erzählwerks, bei dessen Entstehung zweifelsohne Techniken wie die des Bildschnitts, der Bildmontage und des Flashback Pate gestanden haben. Denn Ginsters Geschichte wird durchaus filmisch erzählt. Angesiedelt in dem Zeitraum zwischen 1914 und 1918 (mit einer Coda zum Jahr 1923), lässt der Roman noch einmal Daten, Orte, Kontakte, Erlebnisse und Erfahrungen aus dem Leben seines Autors Revue passieren. Nur gelegentlich bricht die Erzählung aus diesem zeitlichen Rahmen aus, dann, wenn es für das weitere Verständnis des Geschehens unentbehrlich ist. Freilich werden *Charaktere der Vergangenheit*, um es hier mit einer weiteren, leicht veränderten Regel seiner Romantheorie zu sagen, nur *angesetzt [...], um die [...] der* Gegenwart umso *klarer*

Anzeige für Kracauers «Ginster», 1928

*hervortreten zu lassen.*[147] Mit diesen eingestreuten, mehr oder minder kurzen Rückblicken schreitet die Handlung nicht mehr wie im klassischen bürgerlichen (Bildungs-)Roman des 19. Jahrhunderts langsam und kontinuierlich voran, sondern löst sich in eine Folge von relativ lose miteinander verbundenen einzelnen Episoden auf: *Für Entwicklungen*, so heißt es, diesen Bruch mit der Tradition reflektierend, nicht von ungefähr im Roman, *fehlte [...] die Zeit.*[148] Darin aber war das Erzählwerk gewissermaßen nur auf der Höhe seiner Epoche. Denn, wie es in einem Artikel Kracauers aus dem Jahre 1930 deutlicher heißt: Durch Einsteins Relativitätstheorie war *unser Zeit-Raum-System* längst *zum Grenzbegriff gewor-*

den[149], das heißt, unsere konventionellen Vorstellungen davon entsprachen nicht mehr den neuesten naturwissenschaftlichen Erkenntnissen.

Mit dem Ausbruch des Ersten Weltkriegs beginnt die eigentliche Geschichte Ginsters. Seine Reaktion auf dieses Ereignis fällt so ganz anders aus als die des vorgeblichen Normalbürgers. Kriegserklärung, Massenaufläufe, Begeisterungsausbrüche – all das registriert er fast unbeteiligt, ja sogar ziemlich verständnislos. Erst die Nachricht, dass sein ehemaliger Studienfreund Otto sich freiwillig gemeldet hat, rückt ihm das Ereignis in den engeren Gesichtskreis. *Weil etwas geschehen mußte*[150], aus der vermeintlichen Pflicht heraus, dem allgemeinen Patriotismus Genüge leisten zu müssen, meldet sich auch Ginster freiwillig. Er wird jedoch aufgrund seiner schlechten gesundheitlichen Verfassung vorerst untauglich geschrieben. Das wiederum nährt nur seine insgeheime Hoffnung, dem Krieg und allem Drumherum zu entgehen, was ihm schließlich auch gelingen sollte.

Nach der ersten Musterung kehrt Ginster in seine Heimatstadt F. (Frankfurt a. M.) zurück. Um hier die Erwartungen seiner Verwandten, Freunde und Bekannten nicht gänzlich zu enttäuschen, und um nach außen hin nicht erkennen zu lassen, dass ihn dieser Krieg so überhaupt nicht interessiert, wird er gewissermaßen an der Heimatfront tätig. Er leistet in seinen freien Stunden Dienst in einer freiwilligen Sanitätskolonne. Als in der Zwischenzeit sein Freund Otto fällt, berührt ihn dessen Tod kaum mehr. Ginsters Selbsterhaltungstrieb, seine Beruhigung darüber, nicht an Ottos Stelle gefallen zu sein, ist stärker ausgeprägt als alle Trauer. Im zweiten Kriegsjahr wird er erneut gemustert und dieses Mal «garnisonsdiensttauglich» befunden. Aufgrund seiner Tätigkeit als Architekt in einem Büro seiner Heimatstadt, das nunmehr fast ausschließlich Kriegsaufträge ausführt (Soldaten-Ehrenfriedhöfe, Leder- und Granatfabriken), gelingt es ihm jedoch, die Einberufung wiederholt hinauszuzögern. Derweil wird der Krieg immer mehr zu einem ganz alltäglichen Aspekt des Lebens. Im September 1917 wird Ginster dann schließlich doch zu den Waffen gerufen. Er kommt zu einem Artilleriebataillon nach Köln. Die Gefahr vor Augen, demnächst an die Front geschickt zu werden, simuliert er so überzeugend körperliche Gebrechlichkeit, dass er nach einer weiteren ärztlichen Untersuchung *D. a. v. H.* geschrieben wird: *Dauernd arbeitsverwendungsfähig Heimat.*[151] In der Folgezeit ist er erneut als Architekt tätig, diesmal im Stadtbauamt der Provinzstadt *Q.*, hinter der sich Osnabrück verbirgt. Dort erlebt er das Ende des Kriegs, und mit Beginn der ersten revolutionären Erhebungen in Deutschland kehrt er nach Frankfurt zurück. Soweit die kurz gefasste Geschichte des «Drückebergers» Ginster.

Aufgrund seines Inhalts und des literaturgeschichtlichen Kontextes – *Ginster* erschien mehr oder minder zeitgleich mit Arnold Zweigs «Der Streit um den Sergeanten Grischa» (1927), Ernst Glaesers «Jahrgang 1902», Ludwig Renns «Krieg» (jeweils 1928) und Erich Maria Remarques «Im Westen nichts Neues» (1928/29) – haben Kritiker wie Hermann Hesse, Friedrich Georg Jünger oder Eugen Korrodi[152] Kracauers Werk dem Genre des (Anti-)Kriegsromans zugeschlagen. Nun darf man ihn unter den Hunderten von Darstellungen, die gegen Ende der zwanziger Jahre erschienen, zweifelsohne zu den besonders eindringlichen Schilderungen der Kriegsjahre rechnen. Ansonsten aber stellt er doch ein eher regelwidriges Beispiel seiner Gattung dar. In ihm wird eben nicht der Krieg «authentisch» aus der Sicht des Frontkämpfers beschrieben, wie beispielsweise bei Renn, Remarque oder auch in Edlef Köppens «Heeresbericht». Ginster erlebt ihn nur aus der Ferne, tief im Hinterland. Auch entsprechen seine Denk- und Verhaltensmuster nur wenig dem, was man aus den übrigen literarischen Darstellungen dieses Epochenereignisses kennt. In seinem Zentrum steht ebenso wenig die Schilderung einer Generation, deren Erfahrungen indirekt, aber nachhaltig durch das Kriegsgeschehen geprägt wurden (wie bei Glaeser). In den Schützengraben, in das Inferno von Kanonendonner und Gewehrfeuer in vorderster Linie, kommt Ginster nie, Pulverdampf lernt er allenfalls bei gelegentlichen Schießübungen am Waldrand kennen. Auch bleiben ihm alle Erfahrungen völliger Desillusionierung angesichts erschütternder Erlebnisse erspart. Den Krieg erfährt er als völlige Ereignislosigkeit. Das Romangeschehen und sein Held stehen also gänzlich quer zum sonst literarisch Üblichen. Der Krieg ist nicht das beherrschende Thema, auch nicht das strukturierende Moment des Romans. Dessen Erzählung konzentriert sich vielmehr auf die diesseits und jenseits der welthistorischen und -politischen Ereignisse gelegenen Bereiche: auf die Schwächen und Widersprüche menschlicher Verhaltensweisen, die Unlogik und Irrationalität menschlichen Denkens und Handelns, die Hilflosigkeit des Verstehens angesichts einer scheinbar erdrückenden Größe der Ereignisse sowie nicht zuletzt auf Merkwürdigkeiten schon im sprachlichen Umgang der Menschen miteinander.

Einige frühe Kritiker haben dies hellsichtig erkannt. Werner Thormann, gelegentlicher Mitarbeiter der «Frankfurter Zeitung» und Kenner der Schriften Kracauers[153], schrieb in der «Rhein-Mainischen Volkszeitung»: «Der Roman ‹Ginster› ist mehr als ein Kriegsbuch, obwohl er sich auf die Erzählung von Ereignissen beschränkt, die alle mit Ginsters Kriegserlebnissen in einem mittelbaren Zusammenhang stehen. Aber der Krieg bedeutet hier nur den exemplarischen Fall, einem Ginster kann auch der Zustand, den die heutige Gesellschaft Frieden nennt, nicht sehr einleuchtend erscheinen.»[154] Und Joseph Roth hat in seiner Rezension für die «Frankfurter Zeitung» noch deutlicher ausgesprochen, wie wenig *Ginster* ein Kriegsroman im konventionellen Sinn ist: «In den Kriegsbüchern, die bis jetzt in deutscher Sprache erschienen sind», heißt es in seiner «Wer ist Ginster?» überschriebenen Besprechung, «ist der Krieg immer etwas ‹Außergewöhnliches›. Zum ersten Male, in ‹Ginster›, ist er etwas ungeheuerlich Gewöhnliches! Außergewöhnlich ist nur Ginster. Der Krieg aber ist die Fortsetzung des Friedens. Nichts anderes! Das hebt dieses Buch aus der Reihe aller Kriegsbücher! […] Zum ersten Male in der deutschen ‹Kriegsliteratur› wird der ‹Drückeberger› geschildert. […] Zum ersten Male wagt

Joseph Roth (1894–1939) in Nizza, 1934

‹Ginster› *überhaupt nicht in den Schützengraben kommen zu wollen.* […] Ginster ist nämlich auch ein ‹Friedens›gegner. Ginster allein ist der Feind jener menschlichen Gesellschaft, die ‹Vaterländer› kennt, also auch den ‹Krieg›. […] Weder die ‹Generale› noch die ‹Pazifisten› werden dieses Buch verstehen.» Mit der Erwartung, der Roman werde auf allgemeine Verständnislosigkeit stoßen, lässt Roth bereits etwas von dem anklingen, was der *Ginster* seines Erachtens ist: ein Werk, geschrieben für die «große Masse der Einfachen und die ganz geringe Zahl der Denkenden» und «kein Buch für die bürgerliche Gesellschaft der Verbildeten»; vielmehr eines für «ganz einfache, das heißt humane Menschen, – die alle nicht ‹normal› sind, sondern alle wie Ginster: klein, furchtsam und verlassen. Und die immer von irgend etwas Unmenschlichem bedroht sind: vom Krieg, von der ‹Bildung›, von der ‹Kultur›, vom ‹Wiederaufbau›.»[155] *Ginster* ist also, die zuletzt zitierten Worte Roths machen es deutlich, ein zeit- und gesellschaftskritischer Roman – nichts mehr, aber auch nichts weniger.

Die Aufnahmebereitschaft beim Publikum für Werke dieser Art, deren «Moral» vor allem darin bestand, sich durch keine Ideologie, keine parteipolitischen Sympathien und keine konfessionelle Zugehörigkeit den Blick für die Gegebenheiten versperren oder vernebeln zu lassen, war freilich gering. Ganze 4000 Exemplare des Romans wurden gedruckt. Und trotz zahlreicher, überaus positiver Kritiken in so renommierten Presseorganen wie dem «Berliner Tageblatt», der «Weltbühne» (wo das Werk gleich zweimal besprochen wurde), der «Literarischen Welt» sowie der «Kölnischen Zeitung»[156] wurden im ersten Jahr seines Erscheinens ganze 1673 Exemplare verkauft. Es handelte sich also allem Anschein nach um ein literarisches Werk, das allzu quer zu seiner Zeit stand, um eines, das in kein gelehriges und gelehrtes Schema passen wollte. Vielleicht darf man als letzte Bestätigung für diese Behauptung die Tatsache nehmen, dass im Konzert der kritischen Stimmen eine gänzlich fehlte: die der damaligen Germanistik. Sie hat sich offenbar mit dem Werk nicht abgeben wollen. Jedenfalls ist uns keine Besprechung aus der Feder irgendeines renommierten Fachvertreters überliefert.

# Ein Außenseiter
# macht sich bemerkbar

## «Die Angestellten», 1929–30

Zur Vorbereitung auf seine für 1930 geplante Versetzung nach Berlin, wo er Bernard von Brentano als Feuilleton-Verantwortlichen im Büro der «Frankfurter Zeitung» ablösen sollte, wurde Kracauer Ende April 1929 für mehrere Wochen in die Reichshauptstadt entsandt. Diesen längeren Aufenthalt nutzte er vor allem zu Recherchen für eine Reportage über die (Berliner) Angestellten, die – abgeschlossen bereits im Oktober – erst nach Überwindung gewisser Widerstände in der Redaktion erscheinen konnte. Das geschah an der Jahreswende 1929/30.[157] Ein besonderes Interesse für die Situation der Angestellten lässt sich in seinen voraufgegangenen Schriften nicht ausmachen. Zwar zählte er selbst zur Kategorie der abhängig Beschäftigten, aber ansonsten war er bis dahin mit deren Welt allenfalls am Rand – durch Bücher und Filme – in Berührung gekommen. Werkgeschichtlich gesehen steht daher diese *kleine*, doch *abenteuerliche Expedition* in die Terra incognita der *Verkäuferinnen, Konfektionär[e], Stenotypistinnen usw.*[158] im Kontext seiner allgemeinen Bemühungen, *endlich der Nachkriegsverhältnisse inne zu werden*[159]. Mit dieser Untersuchung, die Anfang 1930 – leicht überarbeitet und mit einem kurzen Vorwort – auch als Buch erschien, betrat er in gleich mehrfacher Hinsicht Neuland: hinsichtlich des Gegenstandes (eine Soziologie der Angestellten), der Methode (eine Vorform teilnehmender Beobachtung[160]) und der Form der Darstellung (ein Versuch, Soziologie und Literatur im Genre der Sozialreportage zu vermitteln).

In den ersten drei Jahrzehnten des 20. Jahrhunderts stieg die Zahl der Angestellten in Deutschland derart rapide an, dass gesellschaftspolitisch völlig neue Fakten geschaffen wurden. Der Wandel in der Beschäftigtenstruktur vollzog sich, nicht zuletzt in Ermangelung erschöpfender Auskünfte über die soziale und wirtschaftliche Lage dieser Schicht, weitgehend unbemerkt. Die bis dahin vorliegenden Arbeiten zum Thema – gewerkschaftliche

Broschüren und einige wenige wissenschaftliche Publikationen –
waren kaum der Rede wert und erreichten überdies keine breitere
Öffentlichkeit. Als Kracauer mit seinen Recherchen begann, arbei-
teten bereits über 3,5 Millionen «Stehkragenproletarier» (wie man
die angestellt Beschäftigten spöttisch nannte) in Handel und Industrie. Damit hatte sich ihre Zahl gegenüber den Vorkriegsjahren
mehr als verzweifacht. Über diesen allgemeinen Tatbestand hinaus
waren soziologisch und politisch gesehen mindestens drei weitere
Daten bemerkenswert. Zum einen war in einem *Zeitraum, in dem
sich die Zahl der Arbeiter noch nicht* einmal *verdoppelt* hatte, die der
Angestellten um das Fünffache gestiegen, sodass gegen Ende der
zwanziger Jahre bereits *auf jeden fünften Arbeiter [...] ein Angestellter*
kam.[161] Zum Zweiten lag der Prozentsatz gewerkschaftlich organi-

71

sierter Angestellter weit über dem der Arbeiter. Und zum Dritten war der Anteil der Frauen unter den angestellt Beschäftigten unverhältnismäßig hoch: Gegenüber der Zeit vor 1914 hatte sich ihre Zahl mehr als verdreifacht, sodass sie mittlerweile etwa ein Drittel aller Angestellten ausmachten.

Aus diesen Verschiebungen in der Struktur der abhängig Beschäftigten wuchs den Angestellten in den sozialen und politischen Auseinandersetzungen gegen Ende der Weimarer Republik eine Schlüsselrolle zu, über deren Bedeutung sie sich selbst jedoch kaum im Klaren waren. Und ähnlich undeutliche Vorstellungen über die von Grund auf veränderte Situation hegten auch die politischen Parteien. Unfähig, ihr traditionelles Weltbild den neuen Gegebenheiten anzupassen, deuteten sie das Phänomen der Angestellten auf der Folie überkommener gesellschaftstheoretischer und -politischer Modelle. So rechneten die konservativen Kreise die Angestellten aufgrund ihrer Herkunft, ihres Einkommens und ihrer politischen Überzeugungen ohne Einschränkungen dem bürgerlichen Mittelstand zu. Die politische Linke hingegen nahm zwar durchaus die Veränderungen der sozialen Lage vor allem der kleinen und mittleren Angestellten wahr, aber auch sie griff bei dem Versuch, diese Schicht der Gesellschaft soziologisch und politisch einzuordnen, auf alte, inadäquate Begriffe zurück: Aufgrund ihrer untergeordneten Rolle im Produktionsprozess gehörten die Angestellten ihrer Ansicht nach objektiv dem Proletariat an. Die Extreme dieser beiden ideologischen beziehungsweise parteipolitischen Positionen sowie die Unkenntnis der Betroffenen selbst von ihrer wahren ökonomischen und sozialen Lage bilden den Ausgangspunkt von Kracauers Betrachtungen: *Die Angestellten selber*, so heißt es im einleitenden ersten Kapitel, hätten *am allerwenigsten [...] das Bewußtsein ihrer Situation. [...] Freilich sind gewaltige Kräfte im Spiel, die es hintertreiben möchten, daß einer hier etwas bemerkt.*[162]

In insgesamt zwölf Kapiteln durchstreift der Reporter und teilnehmende Beobachter die Welt der Angestellten, indem er sie an ihrem Arbeitsplatz, in ihrem Zuhause, auf Arbeitsgerichten und Arbeitsämtern sowie an den Orten ihrer Freizeitgestaltung aufsucht, sie nach ihrem Verhältnis zu Gewerkschaften und Standesvertretungen befragt, die Politik dieser Organisationen analysiert und schließlich auch das Verhalten der Arbeitgeberverbände kritisch unter die Lupe nimmt. Die Methode seiner Untersuchung kommt dabei dem bereits sehr nahe, was man heute unter empirischer Feldforschung versteht: Den *Grundstock der Arbeit*, so heißt es in dem der Buchausgabe beigegebenen Vorwort, bildeten *Zitate, Gespräche und Beobachtungen an Ort und Stelle*, also Betriebsbesichtigungen sowie Interviews mit Angestellten, Arbeitgebern und Gewerkschaftsvertretern; darüber hinaus wurden (u. a.) arbeitswissenschaftliche Publikationen, statistisches Material, Gewerkschaftsliteratur und Betriebszeitungen ausgewertet. All diese Fakten und Informationen werden jedoch nicht, wie der Autor ausdrücklich unterstreicht, in der Absicht zusammengetragen, ein vorgefasstes Weltbild zu stützen, sondern allein zum Zwecke, der Realität anhand konkreter Beispiele beizukommen. Die Materialien, so heißt es im Vorwort, *wollen nicht als Exempel irgendeiner Theorie, sondern als exemplarische Fälle der Wirklichkeit gelten.* Als Ganzes stelle *die Arbeit* lediglich eine *Diagnose* dar, die sich *als solche bewußt* aller *Vorschläge für Verbesserungen* enthalte.[163] Dieses Wort von der bloßen *Diagnose*, die auf das Weiterreichen gesellschaftspolitischer Rezepte verzichte, sollte nun nicht dahingehend missverstanden werden, Kracauer habe sich eine Wertung seiner Beobachtungen und Einsichten versagt. Seine *Tatbestandsaufnahme*, als die die Redaktion der «Frankfurter Zeitung» diese Artikelserie abschließend bezeichnete[164], ist alles andere als wertfrei. Als einen Bericht *Aus dem neuesten Deutschland*, wie es programmatisch im Untertitel heißt, darf man die Untersuchung betrachten, eher noch als hochpolitischen Report über die aktuelle gesellschaftliche Lage einer im steten Wachsen begriffenen Schicht. Und diesem Charakter entsprechen Vorgehensweise und Argumentationsstrategie ebenso wie Komposition und Sprache des Werkes.

Schon die ungewöhnlichen Überschriften der einzelnen Kapitel – *Kurze Lüftungspause, Ach, wie bald ..., Zwanglos mit Niveau* oder *Asyl für Obdachlose* – lassen erahnen, dass man es (im Übrigen auch der Form nach) mit einem besonderen Werk zu tun hat. Sein Kennzeichnendes hat Kracauer in dem Versuch umrissen, die eigene Darstellung von einem gerade damals in Mode gekommenen Modell unmittelbarer Wirklichkeitsdarbietung abzugrenzen: dem *der üblichen Reportage*, die *seit mehreren Jahren [...] in Deutschland [...] die Meistbegünstigung unter allen Darstellungsarten* genieße, weil nach weit verbreiteter Meinung *nur sie [...] sich des ungestellten Lebens bemächtigen könne.* Er dürfte dabei weniger an die herausragenden Beispiele dieses Genres – die literarischen Reportagen seines Freundes Joseph Roth oder auch die des «rasenden Reporters» Egon Erwin Kisch – gedacht haben als vielmehr an die zahllosen abschreckenden Beispiele, die die Feuilletonspalten der Tages-, Wochen- und Monatspresse füllten, wenn er, ohne Namen zu nennen, fortfährt: *Die Dichter kennen kaum einen höheren Ehrgeiz, als zu berichten; die Reproduktion des Beobachteten ist Trumpf.* Nun habe zwar dieser *Hunger nach Unmittelbarkeit* insofern seinen guten Grund, als er nur eine *Folge der Unterernährung durch den deutschen Idealismus* sei. Doch dessen Abstraktheit, von der selbst durch einfallsreichste *Vermittlung* kein Weg zur *Realität* führe, werde nicht dadurch überwunden, dass man ihr einfach die *Reportage als die Selbstanzeige konkreten Daseins* entgegensetze. Man banne *das Dasein [...] nicht dadurch [...], daß man es in* ihr *bestenfalls noch einmal* habe: *Hundert Berichte aus einer Fabrik* ließen sich eben *nicht zur Wirklichkeit der Fabrik addieren, sondern* blieben *bis in alle Ewigkeit hundert Fabrikansichten.* Hingegen komme es darauf an, die empirischen Daten in den Zusammenhang allgemeinerer Überlegungen einzubetten. Und diesem – seinem – methodischen Credo hat Kracauer in einem Satz Ausdruck verliehen, der seine Gesellschaftskritik auf den Begriff bringt: *Die Wirklichkeit ist eine Konstruktion. Gewiß muß das Leben beobachtet werden, damit sie [die Wirklichkeit] – erstehe. Keineswegs jedoch ist sie in der mehr oder minder zufälligen Beobachtungsfolge der Reportage enthalten, vielmehr steckt sie einzig und allein in dem Mosaik, das aus den einzelnen Beobachtungen auf Grund der Erkenntnis ihres Gehalts zusammengestiftet wird. Die Reportage photographiert das Leben; ein solches Mosaik wäre sein Bild.*[165] Anders gesagt: «Wirklichkeit» bietet sich der Anschauung nicht unvermittelt dar, nicht s̲o̲, wie man sie mit bloßen Augen wahrnimmt; der Weg vom Sehen zum Verstehen oder von der Perzeption zur Apperzeption ist weit komplizierter, als gemeinhin angenommen.

In seiner umfassenden Studie der ökonomischen und sozialen Lage der Angestellten hat Kracauer versucht, dieser methodischen Prämisse auch sprachlich und kompositorisch gerecht zu werden. Seine Darstellungsweise hat weniger die abstrakte (oder auch populärwissenschaftliche) Literatur zum Vorbild als viel-

Siegfried Kracauer, um 1930

mehr die Epik großer Erzählungen, die die Techniken enthüllender Ironie, eines treffenden Lakonismus sowie des geistvoll-findigen Witzes virtuos handhaben. Das Arrangement des Ganzen hingegen erinnert am ehesten an gewisse Verfahrensweisen des Films, insbesondere an die des Schnitts und der Montage. Im Rückblick hat er diese «Äußerlichkeiten» seiner Untersuchung als Bemühen ausgegeben, in unüblicher Weise Theorie mit Empirie zu verschmelzen. Seiner Meinung nach, so heißt es in einem Brief vom 25. Mai 1930 an Adorno, sei die Arbeit vor allem deshalb bemerkenswert, *als sie eine neue Art der Aussage* konstituiere, *eine, die nicht etwa zwischen allgemeiner Theorie und spezieller Praxis* hin und her jongliere, *sondern eine eigen strukturierte Betrachtungsweise* darstelle. Sie sei gewissermaßen *ein Beispiel für materiale Dialektik*, das sich von Marx'schen *Situationsanalysen* dadurch absetze, dass hier *die Dialektik* nicht mehr *der letzte Ausläufer* einer *Totalitätsphilosophie* sei. Denn aus deren *Rückversicherung* wolle er derlei Untersuchungen gerade *ablösen*, um sie durch *ein Maschinengewehrfeuer von kleinsten Intuitionen* zu ersetzen.[166] Solche *kleinsten Intuitionen* oder Assoziationen, die sich im Anschluss an Aussagen oder Gegebenheiten geradezu aufdrängen, enthält nun jedes einzelne Kapitel dieser Untersuchung zuhauf. Ganz normale Dinge oder harmlose Bemerkungen erscheinen urplötzlich in einem anderen Licht. So ist Kracauer die Auskunft über die Kriterien bei der Neueinstellung von Personal, die er im Büro eines Berliner Kaufhauses erhält – «*Wir achten bei Engagements von Verkaufs- und Büropersonal […] vorwiegend auf ein angenehmes Aussehen. […] Nicht gerade hübsch. Entscheidend ist vielmehr die moralisch-rosa Hautfarbe […].*» – deshalb so *außerordentlich lehrreich*, weil bereits die *Begriffskombination «moralisch-rosa Hautfarbe»* schlagartig *den Alltag transparent* mache: *Seine Moral soll rosa gefärbt sein, sein Rosa moralisch untermalt. So wünschen es die, denen die Auslese obliegt. Sie möchten das Leben mit einem Firnis überziehen, der seine keineswegs rosige Wirklichkeit verhüllt.*[167] Oder, um hier ein zweites Beispiel aufzugreifen: In der breiten und umständlichen Definition von «Rationalisierung», die eine Veröffentlichung des «Reichskuratoriums für Wirtschaftlichkeit» liefert, fehlt das Entscheidende, sozusagen das Subjekt: *das Wort Mensch. Vermutlich ist es vergessen worden, weil es keine so wichtige Rolle mehr spielt.*[168]

Selbstverständlich erschöpft sich diese Reportage nicht in der bloßen Aneinanderreihung solcher Geistesblitze. Sie sind vielmehr nur das herausgetriebene Resultat ausführlicher Schilderungen, die meist in einem durchaus sachlichen Ton gehalten sind. Die Wirklichkeit der Angestelltenwelt, die hier von wechselnden und weit auseinander liegenden Gesichtspunkten her eingekreist wird, erweist sich als eine überaus komplexe und widersprüchliche, deren Erklärung allzu grobe Zugriffe und Deutungsmuster verfehlen, wenn nicht gar das Bild des Gegebenen zur puren Wunschvorstellung gerinnen lassen. Kracauers unausgesprochene Absicht, durch die besondere Anordnung des Materials den Blick für das Gegensätzliche und Unvereinbare zwischen offiziellen Verlautbarungen, weit verbreiteten Ansichten oder hehren Versprechungen auf der einen Seite sowie den Tatsächlichkeiten auf der anderen zu schärfen, ist allerorten mit Händen greifbar. Wo angesichts fortschreitender Aufspaltung der Gesamttätigkeit in immer kleinere repetitive und entfremdende Teilarbeiten beispielsweise noch das Wort *von der Persönlichkeit* Anwendung findet, wird es ebendeshalb als bloßes, sprich: unreflektiertes *Gerede* denunziert; oder wo im selben Kontext allen Ernstes eine arbeits-«wissenschaftliche» *Lehre vom Glück der Monotonie*[169] vertreten wird, erweist sich das ohne große Erklärungen als pure Propaganda. Diese Gedankenkombinationen sind derart zahlreich, dass sich die Untersuchung über *Die Angestellten* am Ende zu einem Werk auswächst, das kritische Seitenhiebe nach allen Richtungen hin austeilt. Arbeitsrichter bekommen darin ebenso ihr Fett ab wie Stellenvermittler, Vertreter der verschiedenen politischen Parteien werden unbarmherzig ob ihres hoffnungslos zurückgebliebenen Weltbildes gescholten, die Gewerkschaften und übrigen Standesorganisationen der Angestellten sehen sich begründeten Zweifeln an der Glaubwürdigkeit ihrer Aktivitäten ausgesetzt, und die Angestellten selbst müssen sich den Vorwurf des gesellschaftspolitischen Eskapismus gefallen lassen.

Eines der entscheidenden Elemente dieser ideologiekritischen Gesamtschau sind schließlich Korrektur und Ergänzung des allgemeinen Bildes der Angestellten: das der *Normaltypen*, wie es nicht nur Film und Funk, Presse und Literatur kolportieren, sondern Standesorganisationen und Parteien ebenso hegen und pflegen. Zu den Aspekten, die deshalb bemerkenswert sind, weil sie Schlussfolgerungen hinsichtlich der – nicht nur gewerkschaftlichen – Politik dieser Beschäftigtenschicht gegenüber fordern, gehört die deutlich auszumachende Tendenz zur Uniformierung im Habitus der Angestellten: *Die Angestellten leben heute in Massen, deren Dasein […] in großen Städten […] mehr und mehr einheitliches Gepräge annimmt. Gleichförmige Berufsverhältnisse und Kollektivverträge bedingen den Zuschnitt der Existenz, die überdies […] dem uniformierenden Einfluß gewaltiger ideologischer Mächte untersteht.*[170] Die damit angedeutete, potenzielle politische Gefahr, die von den Angestellten ausgeht, wird durch deren Weltflucht, wie sie Kracauer vor allem in ihrem Freizeitverhalten konstatiert, noch verstärkt. Trotz wachsender Nivellierung der sozialen Lage von Arbeitern und Angestellten bewegten sich die Letzteren in einem ideengeschichtlichen Vakuum: *Die Masse der Angestellten unterscheidet sich vom Arbeiter-Proletarier darin, daß sie geistig obdachlos ist.*[171] Notwendige Abhilfe könne der Abschied von überkommenen und allzu traditionalistischen Bildungsvorstellungen schaffen. Doch er werde durch eine *Ideologienlehre* vereitelt (*vulgärmarxistisch* nennt Kracauer sie, ohne dabei nur auf die politische Linke zu schielen), die die *Bildungsgehalte* zum bloßen *Überbau* des *jeweiligen ökonomisch-sozialen Unterbau[s]* herabwürdige. In einem solchen Basis-Überbau-Schema werde *überhaupt nicht* nach ihrem *Wahrheitsgehalt* gefragt, *sondern allein* nach der *Bedingung, unter der sie* aufträten. Die darin zum Ausdruck kommende *Beziehungslosigkeit der Unterklasse zum geistigen Leben* sei *allerdings am wenigsten durch die Unterklassen selbst verschuldet.* Denn bei den *Bildungselemente[n], die*

Umschlag der Taschenbuchausgabe der «Angestellten» aus dem Jahr 1971

*heute von den Organisationen hereingeholt* würden, *um einen Ausgleich gegen die Verödung zu schaffen* beziehungsweise *die Angestellten sozusagen geistig zu heben*, handele es sich *entweder* um inhaltsleere *«Kulturgüter»* der Vergangenheit oder um *Abfälle* aus *der bürgerlichen Küche* der Gegenwart.[172] Und die Philippika gegen Angestelltenverbände und *doktrinäre Gesinnung* schließt mit einer Aufforderung, die im Musterland organisierter Vereine und Vertretungen nur als Provokation empfunden werden konnte: Es käme nicht so sehr *darauf an, daß die Institutionen geändert* würden, als vielmehr darauf, *daß Menschen die Institutionen* änderten.[173]

Die Untersuchung *Die Angestellten* fand ein breites, freilich alles andere als ungeteiltes Echo in der Öffentlichkeit. Vertreter fast aller gesellschaftlichen Gruppen und Lager fühlten sich durch das Werk herausgefordert, und so finden sich unter den zahllosen Kritiken und Rezensionen Stellungnahmen der politischen Parteien, der Kirchen, der Wissenschaften und der Publizistik sowie insbesondere der verschiedenen Standesvertretungen und Gewerkschaften der Angestellten. In fast allen wichtigen Organen dieser offiziellen Angestellten-Repräsentanzen erschienen teils ausführliche Besprechungen: in der «Deutschen Handels-Wacht» (dem Sprachrohr des reaktionären «Deutschnationalen Handlungsgehilfen-Verbandes») ebenso wie in der zur politischen Mitte tendierenden «GDA. Zeitschrift des Gewerkschaftsbundes der Angestellten», in der «Beamten-Gewerkschaft» (dem Organ des Reichsbundes der Beamten und Angestellten in den öffentlichen Betrieben und Verwaltungen) wie in der Zeitschrift der Vereinigung leitender Angestellter, «Der freie Angestellte». Der kleinste – und zugleich einzige – gemeinsame Nenner all dieser Besprechungen bestand darin, dass man dem Autor das Verdienst zusprach, die allgemeine Aufmerksamkeit auf ein lange vernachlässigtes Thema gelenkt zu haben. Ansonsten aber ließ die Mehrzahl der Kritiker kaum ein gutes Haar an dieser Veröffentlichung. Ihre Einschätzungen freilich blieben meist im Rahmen dessen, was Tätigkeit, Statut und ideologische Ausrichtung ihrer Organisation jeweils vorgaben. So empfand zum Beispiel der Kritiker der «GDA» schon den Anspruch des Verfassers, *exemplarische Fälle der Wirklichkeit* herausgegriffen zu haben, schlichtweg als «Anmaßung». Seiner Meinung nach hatte Kracauer die «wirklichen» Angestellten weder gesucht noch gefunden: die, «die mit Leib und Seele an ihrer Organisation» hingen und «viele Abende und Sonntage des Jahres in Arbeit» hingäben «für ihren Bund».[174] Diese Befangenheit in offizieller Programmatik und im Weltbild der eigenen Vertretung liegt auch den heftigen antisemitischen Ausfällen zugrunde, die sich in den «Kritiken» der Hugenberg-Anhänger artikulierten: Wo die «Deutsche Handels-Wacht» glaubte, das Werk bereits mit dem Hinweis auf die jüdische Abstammung seines Verfassers, dessen linkspolitische Auffassungen und die Tatsache abtun zu können, dass er dem Redaktionsstab der verhassten «Frankfurter Zeitung» angehöre, entsprach dies aufs Genaueste dem Statut einer Vereinigung, die Frauen und Juden grundsätzlich die Mitgliedschaft verweigerte.

Neben einer ganzen Phalanx ablehnender Rezensionen, die sich jedoch meist gar nicht wirklich auf die Inhalte des Werks einließen, gab es auch eine Reihe ernst zu nehmender und konstruktiver Kritiken. Die Besprechungen eines Henrik de Man, Walter Dirks[175] oder Hans Speier nahmen den Grundvorwurf des Buches produktiv auf und entwickelten im Anschluss daran ein Bild der Angestelltensituation, das Kracauers Darstellung nicht nur korrigierte und ergänzte, sondern auch dessen nur angedeutete Schlussfolgerungen radikalisierte, und das vor allem in politischer Hinsicht. Das wird besonders deutlich in Speiers Artikel. Seine auf umfangreichen statistischen Studien basierenden

Dringt man zum erstenmal in ein bisher unbekanntes Land ein, so ist es für die Anschauung, die sich darüber schließlich bildet, nicht gleichgültig, von welcher Seite aus man einmarschiert ist, «von wo man herkommt». Über die Herkunft dieses Forschungsreisenden weiß man sogleich Bescheid: Er heißt Kracauer. Das hat schwerwiegende Folgen in Hinsicht auf die Ergebnisse, die der Forscher von seiner Expeditionsreise nach Hause bringt. [...] Das Land der Herkunft aber, von dem Kracauer in die dunklen Lebensbereiche der Angestellten vorstößt, ist der Bezirk der jüdisch-liberalen, frankfurterisch geweihten Demokratie. In diesem Bezirk verabscheut man nichts mehr als die organische Gliederung des Volkes; man will [...] Gleichheit. [...] Man versteht, warum der Jude Gleichheitsfanatiker ist: [...] jede gewachsene ständische Gesellschaft muß ihn notwendigerweise als Fremdling empfinden; innerhalb ihres Rahmens muß er sich, wie es ihm in jedem Falle zukäme, bescheiden betragen, wenn er nicht Gefahr laufen will, ausgestoßen, verjagt, ausgemerzt zu werden.

Ernst Niekisch über
«Die Angestellten», 1930

80

Ausführungen über die Rolle der Angestellten in der Wirtschaft, über ihre Organisationen sowie über ihr Einkommen, ihre Vorbildung und Herkunft münden schließlich in eine Betrachtung über die politischen Optionen ein, für die diese Gesellschaftsschicht offen seien. Dabei verleiht Speier Kracauers Wort von der *geistigen Obdachlosigkeit* der Angestellten eine dezidiert politische Interpretation: «Bei den Angestellten» sei «Freiland für Weltanschauungen aller Art», heißt es gegen Ende seiner Besprechung, bei ihnen fänden «daher alle politischen Parteien von den Nationalsozialisten bis zu den Sozialdemokraten» Anhänger, wie «umgekehrt [...] Vertreter» dieser «Schicht in allen Fraktionen» säßen. Mit der Hervorhebung der «politische[n] Uneinheitlichkeit»[176] nannte Speier etwas beim Namen, was Kracauers Untersuchung nur latent enthält: nämlich eine Warnung, und zwar die vor der eminent politischen Gefahr, die von dieser Sozialschicht ausgehe, wenn es nicht gelinge, den Angestellten ihre wirkliche Lage bewusst zu machen und ihnen eine neue politische Heimat zu geben. Angesichts der Ereignisse, die schließlich zum 30. Januar 1933 führten, nimmt sich dieser Alarmruf wie eine Prophetie aus – im Übrigen formuliert vor dem Hintergrund von Behauptungen und Informationen, die noch in keiner Weise von den Ereignissen der beginnenden dreißiger Jahre tangiert sind. Denn Kracauer hatte die Recherchen zu seinem Buch noch vor dem 24. Oktober 1929, dem Tag des New Yorker Börsenkrachs, abgeschlossen. Und so erweist sich ein weiterer besonderer Aspekt dieses Buches noch hierin: Wer meinen sollte, das Erstarken der nationalsozialistischen Bewegung sei eine direkte Folge oder gar ausschließlich bedingt von der damit ausgelösten weltweiten Wirtschaftskrise, wird durch diese Darstellung eines Besseren belehrt. In dem Nachweis einer hohen Disponibilität der Angestellten zu autoritärem Denken und Handeln zeigt ihr Verfasser zugleich auf, dass derlei Entwicklungen das Resultat ungleich komplexerer Prozesse sind. Nicht zuletzt aufgrund dieses immanenten politischen Sprengstoffs gehörten *Die Angestellten* zu den ersten Büchern, die die Nationalsozialisten 1933 auf den allerorten veranstalteten Autodafés verbrannten.

# Demokratie ist
# eine Sache der Übung

## BERLINER NEBENEINANDER: 1930 – 1933

Mit *Die Angestellten* hatte Kracauer bereits einen Fuß in die Tür seiner zukünftigen Wirkungsstätte Berlin gesetzt: Er war, wie sein Freund Benjamin in einer Besprechung des Werks meinte, noch vor seinem physischen Eintreffen der Reichshauptstadt schon «höchst schriftstellerisch» nahe gekommen.[177] Die Jahre zwischen 1930 und 1933 bezeichnen zweifelsohne einen Einschnitt in seinem Leben, und das sowohl in persönlicher wie intellektueller Hinsicht. Auf der einen Seite emanzipierte er sich von seiner Frankfurter Situation, indem er zunächst einmal Ordnung in seine privaten Verhältnisse brachte. Am 5. März 1930 heiratete er auf dem Standesamt der Heimatstadt seine langjährige Lebensgefährtin Elisabeth (Lili) Ehrenreich. Die aus einer elsässischen Familie stammende Katholikin hatte er an der Jahreswende 1925/26 kennen gelernt, als sie am seinerzeit noch von Carl Grünberg geleiteten Frankfurter «Institut für Sozialforschung» als Bibliothekarin arbeitete. Mit ihr siedelte er dann im April an die Spree über. Dort bezog das Paar nach verschiedenen Interimslösungen schließlich eine Wohnung in der Sybelstraße im Bayerischen Viertel – für den mittlerweile einundvierzigjährigen Kracauer war es die erste eigene Bleibe überhaupt! Auf der anderen Seite erwuchsen ihm aus den Zeitumständen sowie gewissen Konstellationen seiner neuen Tätigkeit Schwierigkeiten, die ihn zu einer vorsichtigen Neuakzentuierung seines ganzen Denkens und produktiven Schaffens veranlassten.

Im Nachhinein hat man Kracauers Beförderung als Vertreibung eines eher unliebsamen, weil allzu linksorientierten Mitarbeiters aus der Frankfurter Zentralredaktion gedeutet.[178] Vor dem Hintergrund gewisser Veränderungen in den Besitzverhältnissen der Frankfurter Societätsdruckerei spricht einiges für diese Behauptung. Denn als Kracauer am 15. April offiziell seinen neuen Dienst unter der Maßgabe antrat, mit Ausnahme der Theaterkri-

Elisabeth Kracauer, geb. Ehrenreich (1893–1971), im Pariser Exil, 1935. Gemälde ihres Schwagers Hanns Ludwig Katz

tik «die gesamte Feuilleton-Berichterstattung» der Spree-Filiale neu «zu organisieren, Berliner Reportagen auszuführen resp. zu veranlassen, die Filmkritik» des Blattes verantwortlich zu leiten und darüber hinaus auch dem Frankfurter Hauptsitz mit Rat und Tat zur Seite zu stehen[179], bestimmten die Nachkommen des Gründers Leopold Sonnemann nicht mehr allein die Geschicke der «Frankfurter Zeitung». Im Vorjahr, 1929, hatte sich in der Person des Vorstandsvorsitzenden der I. G. Farben, Carl Bosch, die deutsche Großindustrie in das Blatt eingekauft.[180] Über eine nur formell im Besitz seines Mitarbeiters Hermann Hummel befindliche Imprimatur GmbH kontrollierte er 48 Prozent des Aktienkapitals. Schon damals vermutete man, dass sich hinter dem Eintritt dieses Minderheitsgesellschafters, der die defizitäre «Frankfurter Zeitung» bis zum Jahr 1936 finanziell sanieren sollte, der Chemieriese verberge. Gerüchte, die im Zug wachsender Befürchtungen um die Unabhängigkeit der Zeitung aufkamen, vermochten die Beteiligten dieser Transaktion jedoch mit Erfolg zu zerstreuen: mit abwiegelnden Stellungnahmen, gelegentlich auch mit Dementis, die auf wissentlich falschen Behauptungen beruhten und jegliche Verbindung zwischen dem Blatt und der I. G. Farben abstritten. Nun lässt sich in der Tat nicht belegen, dass Bosch oder irgendwer sonst je ernsthafte Versuche unternommen hätte, die Redakteure insbesondere des Wirtschafts-, Finanz- und Politik-Ressorts auf seine Meinung oder Weltanschauung einzuschwören. Mit derart kruden Absichten dürfte diese Investition auch nicht getätigt worden sein. Gleichwohl ist die Vermutung, der Handel habe mittel- und langfristig wichtige Redaktionsentscheidungen wenigstens beeinflusst, nicht allzu abwegig.

Es ist nicht ersichtlich, in welchem Umfang Kracauer über Einzelheiten der Transaktion informiert war. Deshalb lässt sich auch nicht belegen, dass er das umfassende Revirement des Jahres 1930 sowie dessen Folgen – und damit letztlich auch die eigene Versetzung – in irgendeinem Zusammenhang mit ihr gesehen hat. Zwar hat er die redaktionellen Veränderungen mit großer Besorgnis registriert: vor allem, dass sein Freund und Protektor Benno Reifenberg als Korrespondent nach Paris entsandt wurde und auf seinen Posten als Frankfurter Feuilleton-Chef der blasse Schweizer Friedrich T. Gubler nachrückte; ebenso, dass mit Rudolf Kircher ausgerechnet ein Rechtskonservativer den liberalen Bernhard Guttmann als Verantwortlichen des Berliner Büros der «Frankfurter Zeitung» beerbte; und schließlich, dass im Laufe der Jahre 1930/31 mit Oskar Stark, Bernard von Brentano, Konrad Heiden, Arthur Feiler und weiteren gleich mehrere Vertreter eines dezidiert linksliberalen Kurses aus der Zeitung ausschieden. Aber ansonsten hat er doch selbst jene Ereignisse, die

Das Projekt meines Verkaufs an die Ufa ist keine soziologische Erfindung von mir, sondern lauterste Wahrheit. Es finden zur Zeit Unterhandlungen mit der Ufa statt, die darauf hinauslaufen, daß ich ein Jahr lang im Interesse eines gesicherten Nebenerwerbs bei der Ufa arbeiten soll; in dieser Zeit dürfte ich natürlich keine Filmkritiken schreiben. [...] [Ich] suche [...] noch verzweifelt nach einer [...] Möglichkeit, die mich (und nicht zuletzt die Zeitung) vor diesem ominösen Projekt bewahrt.

Siegfried Kracauer, 1931

ihn unmittelbar betrafen und seine persönliche Situation belasteten – Sparmaßnahmen, in deren Zug ihm mehrfach das Gehalt gekürzt, am Ende gar das eigene Büro gestrichen wurde, Auseinandersetzungen über die politische Linie der Zeitung mit Kircher,
die Zensur einiger seiner Artikel und nicht zuletzt der Versuch
eines schmutzigen Deals seiner Vorgesetzten mit der Ufa Alfred
Hugenbergs (man wollte ihn, den erklärten Feind und Kritiker dieser Filmproduktionsfirma, tatsächlich an seinen Erbfeind «verkaufen»!) –, nur als Ausdruck allgemeiner wirtschaftlicher, sozialer
und politischer Tendenzen im damaligen Deutschen Reich gedeutet. Insofern ist es nicht weiter verwunderlich, dass er seine
Beförderung in erster Linie als Herausforderung begriff – eine, die
ihm im Übrigen Gelegenheit bot, seine systematische Bestandsaufnahme der politischen, sozialen und kulturellen Situation
Deutschlands in vorderster Linie fortzusetzen.

Das Berlin der beginnenden dreißiger Jahre hielt Kracauer,
wie es schon in *Die Angestellten* heißt, für den Ort, an dem *der wirt-*

Berlin 1930: Vor den Reichstagswahlen am 14. September kommt
es zu blutigen Zusammenstößen zwischen Nationalsozialisten und
Kommunisten. Passanten bemühen sich um eine von Nazis niedergeschlagene Frau.

*schaftliche Prozeß [...] am weitesten gediehen* war und *die entscheidenden praktischen und ideologischen Auseinandersetzungen* ausgefochten würden.[181] Ja, er war sogar der Meinung, *diese gewaltige Stadt, die heute an der Front Europas* liege, sei *das Zentrum von Kämpfen [...], in denen es um die menschliche Zukunft* gehe.[182] Das Martialische, wie es hier in Begriffen wie «Kampf» und «Frontstadt» mitschwingt, ist eines der Charakteristika zahlloser Berliner Feuilletonbeiträge Kracauers, denen er deshalb insgesamt einen *ganz hübschen destruktiven Effekt* zumaß.[183] In ihnen ist unablässig von Waffengängen und Schlachten, schmetternden Fanfaren und großen Paraden, Vernichtungswillen, mörderischen Gesellen und allerlei anderen Militaria die Rede. Dahinter verbirgt sich jedoch beileibe kein Anti-Pazifismus oder gar eine geheime Sympathie für die unheilvollen Seiten preußischer Tradition. Vielmehr ist diese säbelrasselnde Sprache nur treuer und angemessener Ausdruck für Verhältnisse, die die Hauptstadt in jenen Jahren prägten. Straßen und Versammlungsorte waren längst zu Schlachtfeldern der politischen Auseinandersetzung geworden, es herrschten wirklich fast bürgerkriegsähnliche Zustände.

In einem Brief aus dem Jahr 1931 hat Kracauer das Kennzeichen seiner Berliner Veröffentlichungen dahingehend bestimmt, dass sich in ihnen *anstelle der früheren philosophischen Interessen [...] mehr und mehr* solche *an der epischen Gestaltung* einerseits und *an der Durchleuchtung unserer gesellschaftlichen Strukturen zu politischen und moralischen Zwecken* andererseits artikulierten.[184] Das Wort von den *gesellschaftlichen Strukturen* wollte dabei im denkbar umfassendsten Sinne verstanden sein. Das belegen im Übrigen die in die Hunderte gehenden Artikel aus dieser Zeit, die selbst abgelegenste Winkel der Metropole und beiläufigste Ausdrucksformen ihres Lebens blitzartig erhellen. So führen Kracauers Streifzüge ebenso in den vornehmen Alten und Neuen Westen der Stadt wie in deren Industrieviertel im Süden, Norden und Osten; er besucht Philosophenkongresse und schaut Magiern, Kartenlegern und sonstigen Zauberkünstlern auf die Finger; abgelegene Arbeitsämter geraten ins Blickfeld, wie er auch von Gerichtsprozessen berichtet; auf Veranstaltungen zum 1. Mai ist der rastlose Reporter ebenso zu finden, wie er durch die Straßen und über die Plätze der Spree-Metropole flaniert. Und diese Aufzählung von Orten, Ereignissen und Veranstaltungen ist nur eine kleine Auswahl aus dem ganzen *Berliner Nebeneinander* – ein Titel, auf den er mehrfach und fast möchte man sagen in programmatischer Absicht zurückgriff.

Nun stellten diese Feuilletons mit häufig ebenso köstlichen wie doppelsinnigen Titeln – *Kampf gegen die Badehose* ist beispielsweise der Bericht über ein Freikörperkultur-Matinee im Großen Schauspielhaus überschrieben, der die unerträgliche Neigung der Deutschen persifliert, selbst nackteste Tatsachen nur im Paket mit einer Weltanschauung zu verkaufen[185] – nichts völlig Neues im damaligen Schaffen Kracauers dar. Im Grunde genommen knüpfen diese moralischen Erzählungen mit häufig politischem Hintergrund sprachlich, kompositorisch und inhaltlich nur an das an, was spätestens *Die Angestellten* begonnen hatten. Jedoch mit einem entscheidenden Unterschied: In diesen Miniaturen, Essays und kurzen Prosatexten sind die Akzente anders gesetzt. Diese Texte üben – und in diesem Sinne ist zunächst einmal das Wort, die philosophischen Interessen träten stärker in den Hintergrund, zu verstehen – weitgehenden Verzicht auf eine langatmige Ausbreitung *grundlegender* Erwägungen. *Ein Überwiegen des Allgemeinen,* so heißt es nicht von ungefähr in einem Brief vom 28. Januar 1931 an Friedrich T. Gubler, sei *schlecht, unpädagogisch* und führe, *wie viele Fälle* bewiesen, nur zu *Geschwätz.* Und dieser Gefahr, so wenigstens hoffte Kracauer, könne eine stärkere Betonung des epischen Moments entgegenwirken. Dieses erzählerische Element sollte die Theorie keineswegs ersetzen, sondern allenfalls maskieren, im Übrigen aber dem Dargestellten mehr Konkretion verleihen, was ihm angesichts *des verblasenen deutschen Denkens […] unerläßlich erschien.* Darüber hinaus sollte es im Hinblick auf den neuen politischen Wind, der auch durch die Redaktionsstuben der «Frankfurter Zeitung» blies, eine – nur deshalb – inopportune *Radikalität* verschleiern oder sie wenigstens in einer Form darbieten, die nicht übergestülpt wirkte, sondern sich zwingend aus dem dargestellten Zusammenhang ergab.[186]

Engste Freunde haben diese kleine, nicht unerhebliche Akzentverschiebung in seinen Schriften durchaus bemerkt. Und sie haben sie als einen Rückschritt interpretiert, gewissermaßen als Verrat Kracauers an sich selbst. Was er Gubler gegenüber als bloß taktische Maßnahme einer ansonsten ungebrochen kompromisslosen Gesellschaftskritik ausgab, sahen vor allem die Linken unter ihnen ganz anders. So warf ihm Bloch vor allem das Plauderhafte, den «provinziell lauschige[n] oder launige[n] Ton» vor, «dem man [...] seine Gequältheit» auf den ersten Blick ansehe. Und in der «Bitterkeit» der «Zeitkritik» vermochte er keine revolutionäre «Sprengkraft» mehr erblicken. «Der Mann, der noch in den Angestellten die ‹Flucht vor der Revolution›» denunziert habe, sei insofern «nicht mehr ganz derselbe», als er «heute am liebsten ohne Revolution auskommen möchte». Er wolle «heute nur noch so ein bißchen Vergesellschaftung der Produktionsmittel» und betrachte «‹den Menschen› als ewige Erscheinung [...], an der sowieso nichts geändert» werden könne. Das wachsende «Desinteressement an Philosophie» schließlich verursache in seinen «Glossen, Betrachtungen und selbst (vorzüglichen) Analysen» nur mehr einen «gewisse[n] Stillstand». Ohne «Theorie», so meinte Bloch zusammenfassend, gebe es ganz entgegen Kracauers Ansicht «eben» doch «keine Konkretheit, grade diese nicht».[187]

Völlig aus der Luft gegriffen waren diese Vorwürfe, deren äußeren Anlass eine Philippika gegen gewisse Thesen des sowjetischen Schriftstellers Sergej Tretjakow über «Den neuen Typus des Schriftstellers» abgab[188], zweifelsohne nicht. Denn unbestreitbar ist, dass Kracauers Kritiken aus dieser Zeit eines fest umrissenen philosophischen, gesellschafts- oder gar parteipolitischen Standpunktes entbehren. In *Tausende[n]* von *winzige[n] Vorfälle[n] schildern* sie vielmehr einzig und allein den allgemeinen Niedergang des Lands und seiner Bewohner. Und am Ende verrät das aus einem Mosaik von *Streitszenen in Restaurants, stumme[n] kurze[n] Blickschlachten zwischen Passanten, die sich nicht kennen und doch abtaxieren wie Waren, Gesprächsfetzen, Schaffnerauskünfte[n] und manche[n] Gebärden* zusammengesetzte Bild doch «nur», *wie geplagt und geschunden heute die Menschen aller Schichten bei uns sind.*[189] Sie dokumentieren also oder konstatieren lediglich das alle erfassende Elend und beschränken sich vornehmlich auf vage Erklärungen der Gründe gewisser Phänomene: *Es wird zur Zeit in Berlin viel gemordet, und das Bewußtsein von der Kostbarkeit des Lebens scheint in weiten Kreisen geschwunden zu sein. Freilich hat man auch Zustände einreißen lassen, die es auszutreiben vermögen.*[190] Darüber hinaus hütet sich Kracauer in all seinen Artikel vor Andeutungen, der Glaube an die Versprechungen und Glücksverheißungen politischer Parteien oder gesellschaftlicher Theorien könne einen Ausweg aus dem Dilemma darstellen. Seine Berliner Feuilletons legen vielmehr die Annahme des Gegenteils nahe. Wo immer er Korruption, Gewalt, Betrug, Gesetzesmissbrauch, Vorteilnahme, Schlamperei u. a. m. entdeckt und denunziert, macht er zugleich deutlich, wie wenig derlei Dinge eine Frage der Parteizugehörigkeit oder Weltanschauung sind. So zieht beispielsweise der Bericht über das Ende eines großen Korruptionsprozesses folgendes Fazit: *Eine maßlose politische Hetze hat sich auf diesen Prozeß [...] gestürzt und ihn entgegen seinem wahren Sinn und über jedes zulässige Maß hinaus zu Propagandazwecken verwertet. Er sollte von der Verrottung des «Systems» zeugen [...]. In Wirklichkeit aber verhält es sich anders. Die Freunde [der Angeklagten] reichten von den Kommunisten bis zu den Antisemiten, und Leute aus allen politischen Lagern hatten den Wert unverdienten Geldes erkannt.* Korruption und Machtmissbrauch, wie sie dieses Ereignis handgreiflich vor Augen führte, *erklären sich einesteils [...] aus der Nachkriegssituation und sind anderenteils noch eine Folge des alten [...] Systems, das den Untertanengeist mehr gepflegt hatte als die Tugend der Verantwortung. Durfte es wirklich wundernehmen, daß die [...] Untertanen ihre Freiheit mitunter nicht zu gebrauchen verstanden [...]? Die Demokratie zu praktizieren, ist eine Sache der Übung.*[191]

Vor allem der zuletzt zitierte Satz macht deutlich, wie Recht einerseits Bloch hatte, wie wenig aber – was Bloch offenbar nicht wahrhaben wollte – Kracauer bereit war, sich im Namen einer Weltanschauung irgendetwas von dem abhandeln zu lassen, was er täglich beobachtete und seine Zweifel an politischen Versprechungen oder gar utopischen Glücksverheißungen nur nährte. Dass Demokratie eingeübt sein wolle, bringt dabei noch keineswegs eine vorbehaltlose Identifikation mit der Wirklichkeit der Weimarer Republik zum Ausdruck, sondern allenfalls, wie wenig einladend ihm alle Alternativen zu diesem politischen System erschienen. Seinen Standpunkt hat er am deutlichsten vielleicht in einem Brief an einen anderen seiner linken Freunde erkennen lassen: *Die Lage in Deutschland ist mehr als ernst*, heißt es in diesem Schreiben vom 28. August 1930 an Adorno. *Wir werden 3–4 Millionen Arbeitslose haben und ich sehe keinen Ausweg. Es waltet ein Verhängnis über diesem Land und ich weiß genau, daß es nicht nur der Ka-*

[...] wenn es Hitler gelänge, die Gewerkschaften zu bekommen,
wäre seine Diktatur für absehbare Zeit gesichert. Manche glauben
sogar, daß er sich ohne die Gewerkschaften allein durch Gewalt
halten könne. Das Beispiel Ungarns beweist in der Tat, daß man
auf den Bajonetten eben doch sitzen kann. [...]
Ich schreibe das aus der Erwägung heraus, daß man sich doch hier
allgemein von einer Hitler-Diktatur den schlimmsten Terror erwar-
tet, der zweifellos nach italienischem Beispiel bis in die kleinste
Hütte durchfiltriert wird. Glauben Sie, man würde im Diktatur-
falle uns verschonen? Und für meine Person fürchte ich z. B. allen
Ernstes, daß jüdische Journalisten nicht mehr werden schreiben
dürfen. Eine Bewegung, in der seit 10 Jahren der furchtbarste Haß
genährt worden ist, will ihre Opfer haben. Antisemitismus usw.:
alles das würde sich skrupellos auswirken und das geistige Leben
in Deutschland ausrotten. Andere haben dergleichen vorgemacht
und das Land kann auch ohne geistiges Leben existieren. Bitte,
glauben Sie nicht, daß diese Dinge unterblieben, sondern setzen
Sie voraus, daß die schlimmen Drohungen wahrgemacht werden.
Zu dem Bürgertum, das diese Bewegung groß werden ließ, kann
man nicht das Vertrauen haben, daß es ihre Exzesse zu unterbin-
den vermag. Es ist noch nicht viel länger als 100 Jahre her, daß
deutsche Untertanen von ihren Fürsten als Soldaten verkauft
wurden. Denken Sie auch an die Wegnahme der Pässe. Das kann
uns allen geschehen.

            Siegfried Kracauer an Benno Reifenberg, 18. 2. 1933

*pitalismus ist. Daß dieser bestialisch werden kann, hat keineswegs öko-*
*nomische Gründe allein. (Wie sollte ich sie formulieren können? Ich be-*
*merke nur immer wieder in Frankreich [...], was alles bei uns zerstört ist:*
*der primitive Anstand, die ganze Natur und mit ihr jedes Vertrauen der*
*Menschen ineinander.) Da aber bei uns eine Revolution nicht, wie in Ruß-*
*land vielleicht, ein unverbrauchtes «Volk» ankurbeln würde, glaube ich*
*auch nicht an die Heilkräfte des Umsturzes. Ich erkenne nur ein allge-*
*meines Schlamassel, und beinahe wäre mir am liebsten, es könnte noch so*
*fortgewurstelt werden.*[192] Gerade diese – nicht wie einst abwartende,
sondern vielmehr illusionslose und undogmatische – Haltung hat
es Kracauer erlaubt, viel deutlicher als viele seiner Freunde die
Vorzeichen des heraufkommenden Nationalsozialismus zu deuten, seine Gefahren vorauszusehen, seine mannigfachen Entste-
hungsursachen vorweg beim Namen zu nennen, die politischen
Kräfteverhältnisse richtig einzuschätzen und selbst auf das Un-
glück, das mit Hitlers Ernennung zum Reichskanzler seinen Lauf
nahm, vorbereitet zu sein.

# Rund um den Reichstag

Der Reichstagsbrand in der Nacht vom 27. auf den 28. Februar 1933 war auch Kracauer ein Fanal – und Grund genug, Deutschland unverzüglich den Rücken zu kehren. Eine der letzten Eindrücke, die er aus seinem Geburtsland ins französische Exil mitnahm, war das ausgebrannte Gebäude des Parlaments. Die Symbolträchtigkeit dieses Ereignisses hat er in einer kleinen Arbeit festgehalten, die am 2. März 1933 unter dem Titel *Rund um den Reichstag* in der «Frankfurter Zeitung» erschien und ein Meisterwerk des Schreibens zwischen den Zeilen darstellt. Auf den ersten Blick scheint es sich um einen reinen Ereignis- beziehungsweise Erlebnisbericht zu handeln, dessen Sprache und Formgebung zudem über weite Strecken spröde wirken. Liest man den Artikel jedoch aufmerksamer und sucht sich einen Reim auf seine ganze Komposition zu machen, wird rasch deutlich, dass harmlos erscheinende Wendungen so, aber eben auch ganz anders verstanden werden könnten – und wollten.

«Das Reich zwischen den Zeilen beliefern», wie Ernst Bloch diese Technik des mehrdeutigen Schreibens mit politischem Hintergrund einmal nannte [193], war in den ersten Jahren der Hitler-Herrschaft ein bevorzugtes Stilmittel zahlreicher Autoren, die weiterhin in deutschen Zeitungen und Zeitschriften veröffentlichten. Diese Form der versteckten Kritik hatte selbstverständlich ihre Voraussetzungen. Zunächst einmal bedurfte sie eines «richtigen» Kontextes, das heißt der Erscheinungsort solcher Arbeiten war nicht gleichgültig. Nicht jeder Zeitungsleser war fähig oder gewillt, die zwischen den Zeilen stehende Botschaft wahrzunehmen. Dass Kracauers Artikel in der politisch liberalen «Frankfurter Zeitung» erschienen, war daher nicht ohne Belang. An anderem Ort publiziert, hätten gewisse Anspielungen einiges von ihrer Zwei- beziehungsweise Eindeutigkeit eingebüßt. Die Mehrzahl der Abonnenten dieses Blattes aber, so viel durfte der Autor voraussetzen, stand dem neuen Regime noch reserviert gegen-

über. Das Spielen mit den Bedeutungen hatte zudem eine gewisse
Selbstschutz-Funktion. Zwar bewahrte es den Verfasser nicht vor
Übergriffen der Nationalsozialisten, wohl aber vor solchen der
noch mehr oder minder legitimierten Polizei und Justiz, die erst
zum Teil von den neuen Machthabern kontrolliert wurden.

Dass der Brandanschlag die Tat eines Einzelgängers namens
Marinus van der Lubbe war, hat sich erst Jahrzehnte später mit Ge-
wissheit herausgestellt. Damals beschuldigten die Nationalsozialisten umgehend die Kommunisten als Handlanger des Attentats.
Doch viele Deutsche, soweit sie nicht reaktionären Kreisen zuzu-
rechnen waren, gingen davon aus, dass die Faschisten selbst den
Anschlag verübt hätten. Insofern spielen Fragen wie die nach der
Täterschaft, den Beweggründen sowie nach der ganzen Dynamik
des Brandes in Kracauers Artikel eine völlig untergeordnete, ja
überhaupt keine Rolle. Es handelt sich eben nicht um einen Ereig-
nis-, sondern um einen Hintergrundbericht, der in seiner Sub-

stanz eine mal weniger, mal stärker verhüllte Bestandsaufnahme der neuen politischen Gegebenheiten in Deutschland darstellt. Das wird bereits in dem Bild von der völligen Isolierung des Symbols der Demokratie, des Parlaments, deutlich. Nur unter äußersten Anstrengungen, heißt es gleich zu Beginn des Artikels, werde man dieser Heimstätte der demokratisch gewählten Volksvertreter ansichtig. Weiträumig sei *die ganze Gegend* um den Reichstag *abgesperrt*, und man müsse einen großen *Bogen schlagen, wenn man das Haus überhaupt zu Gesicht bekommen* möchte. *Einsam* stehe das Gebäude nunmehr da. Sein weithin sichtbares Symbol, die Kuppel, rage *jetzt ziemlich trostlos in die Luft*; sie sehe *aus, als ob sie zerzaust worden wäre.*[194]

In der Beschreibung des kürzesten Wegs zum Tatort lässt Kracauer den Leser Stationen passieren, die ihm noch einmal in Erinnerung rufen, wer und was die Entwicklung Deutschlands zum autoritären Staat begünstigt hat. *Ein Stück Unter den Linden, die Neue Wilhelm-Straße, der Schiffbauerdamm bis zum Lessingtheater, dann durch die Roonstraße über die westliche Seite der Siegesallee zurück ans Brandenburger Tor: das ist die engste zulässige Route.*[195] Bei überzeugten Demokraten weckten einige dieser Namen nur unheilvolle Assoziationen. Dass die republikanische Idee einst auf der ehemaligen Prachtstraße des königlich-preußischen Berlins, Unter den Linden, Triumphe feierte – 1806 nämlich, als die siegreichen Truppen Napoleons vom Brandenburger Tor her Einzug in die Stadt hielten –, blieb eine bloße Episode in der Geschichte Deutschlands. Ansonsten fanden an diesem Ort Aufmärsche ganz anderer Art statt: zuletzt, kaum einen Monat zuvor, jener Fackelzug, mit dem die Nationalsozialisten den Beginn einer neuen – ihrer – Ära einläuteten. Vorbei an den Orten großer weltanschaulicher Auseinandersetzungen, den Theatern am Schiffbauerdamm und am Lessingplatz, durchquerte der Neugierige zunächst jene Straße, die den Namen eines Feldmarschalls trug: Albrecht Graf von Roon, ein enger Freund Bismarcks und von 1859 bis 1873 preußischer Kriegsminister. Schließlich gelangte er in die Siegesallee, deren Skulpturen die in Stein gemeißelte Geschichte der Hohenzollerndynastie erzählten und die den Worten ihres Auftraggebers, Wilhelm II., nach «erzieherisch auf das Volk» wirken sollten.[196]

Dass es sich bei der Zerstörung des Reichstags weder um einen Unglücksfall noch um eine gewöhnliche Brandstiftung handelte, sondern vielmehr um ein Verbrechen mit politischem Hintergrund, daran hegte Kracauer keinen Zweifel: Dieser Brand sei *mehr [...] als* das gewesen, nämlich ein Anschlag auf die demokratischen Institutionen. Als solcher bilde er nur den Höhepunkt jahrelanger Übergriffe auf das republikanische Deutschland. Die Wende in der geschichtlichen und politischen Entwicklung des Landes habe sich freilich lange zuvor angekündigt, mit der allmählichen Aushöhlung der Verfassung durch die gewählten Volksvertreter selbst. So sei denn der Ort, an dem sie sich kaum anderthalb Jahrzehnte lang versammelten, längst verlassen: Zwar funkele auf der Spitze noch die *prunkvolle Goldlaterne*, doch der *Unterbau*, die Fundamente des Gebäudes, sei bereits nachhaltig *lädiert*. Dass das Ereignis eine neue Epoche einleite, lasse sich schon an den Verhaltensweisen der Schaulustigen ablesen. Was befremde, sei *ihr beharrliches Schweigen*. Es berühre *darum so merkwürdig, weil Fälle öffentlichen Unglücks in der Regel gerade das Mitteilungsbedürfnis der Massen* weckten. *Dieser Brand dagegen* lasse *die Menge verstummen.* Allenfalls *ein Flüstern* unterbreche *die Betrachtung des verödeten Bauwerks* – wobei die Blicke *durch dieses Symbol hindurch* in jenen *Abgrund* niedertauchten, *den seine Zerstörung* eröffne. Dass sich die politische Atmosphäre verändert habe, das Klima kälter geworden sei, werde aber allem Anschein nach nicht registriert: *Obwohl [...] ein richtiges Erkältungswetter* herrsche, achte *niemand auf die Temperatur.* Und so lässt Kracauer seinen Artikel mit einigen zugleich prophetischen wie resignierenden Bemerkungen ausklingen: *Immer neue Trupps von Schulkindern mischen sich unter die Erwachsenen. Sie wittern Erregung und freuen sich ahnungslos über die Sensation. Wenn sie einmal groß sind, werden sie aus der Geschichte erfahren, was der Reichstagsbrand in Wirklichkeit zu bedeuten hatte.*[197]

Es heißt, Kracauer habe nach einer Warnung seines Verlegers, Heinrich Simon, Deutschland schon wenige Stunden nach dem Reichtagsbrand fluchtartig in Richtung Paris verlassen.[198] Was den unmittelbaren Anlass und die Eile seines Aufbruchs aus Berlin angeht, so trifft diese Darstellung durchaus zu. Es hat eine solche Warnung in Form eines Telegramms gegeben. Andererseits aber hätte es ihrer gar nicht mehr bedurft. Das bezeugt Kracauers luzide Einschätzung dessen, was dem Reichstagsbrand folgen würde. Im Übrigen belegen seine Arbeiten aus der Zeit unmittelbar vor und nach der nationalsozialistischen Machtergreifung, dass er sich im Gegensatz zu vielen seiner schreibenden Kollegen keinerlei Illusionen über Charakter und Dauer des neuen Regimes machte.

Sein erstes Pariser Domizil schlug er im Hôtel du Navigateur am Quai des Grands Augustins auf. Mitte April zog er dann um ins Hotel Madison, wo er zusammen mit seiner Frau mehr als drei

Heinrich Simon

Jahre lang wohnte. Noch auf der Reise von Berlin nach Paris hatte er in Frankfurt Station gemacht und war zunächst mit Benno Reifenberg, kurz darauf auch noch mit Simon zusammengetroffen. Bei diesem letzten Besuch konnte er sich des Eindrucks nicht erwehren, dass ihm sein Brotherr zwar *mit der einen Hand [...] etwas* gebe – offiziell wurde er ins Pariser Büro der «Frankfurter Zeitung» entsandt –, mit der anderen aber gleich doppelt so viel nehme: *Ohne Rücksicht auf* seine *11jährige Tätigkeit im Verlag* behandelte man ihn wie einen beliebigen *Lohnarbeiter*[199], kürzte ihm das Gehalt und warf ihn am Ende sogar hinaus, nachdem ihm Simon noch Anfang April versichert hatte, man werde ihn, «so lange es irgend geht, nicht im Stich lassen».[200] Den Vorwand zu dieser Entlassung bot die Veröffentlichung zweier Artikel in der von Leopold Schwarzschild herausgegebenen Exil-Zeitschrift «Das Neue Tage-Buch».[201] Mit diesen Publikationen, so heißt es im Kündigungsschreiben vom 23. August 1933, habe Kracauer wissentlich einen Beschluss der Redaktionskonferenz missachtet, wonach die Mitarbeit am «Neuen Tage-Buch» mit der an der «Frankfurter Zeitung» unvereinbar sei.[202]

Der Chronist der «Frankfurter Zeitung», Günther Gillessen, hat diesem Hinauswurf eine mehr als fragwürdige Erklärung gegeben. Seiner Meinung nach habe es sich um eine von den Umständen diktierte Entscheidung gehandelt. Kracauer habe um den tiefen Gegensatz zwischen Simon und Schwarzschild gewusst [203] und damit seine Entlassung förmlich provoziert. Diese Deutung ist allzu sehr von dem Bemühen getragen, die Ehre des Verlegers der «Frankfurter Zeitung» zu retten, der bekanntlich nur wenig später seinerseits von den Nationalsozialisten enteignet und vertrieben wurde. Das Verhältnis der beiden Publizisten Simon und Schwarzschild mögen persönliche Animositäten getrübt haben, in den politischen Urteilen aber schied die zwei Konservativ-Liberalen nur wenig voneinander – wenigstens bis 1933. Erst Hitlers Machtergreifung, Simons erklärte Absicht, als Jude und Verleger einer liberalen Tageszeitung in Deutschland auszuharren, und Schwarzschilds Flucht nach Frankreich führten jene unüberbrückbaren Gegensätze herbei, deren Opfer dann Kracauer werden sollte. Zunehmend schärfer wurde der Ton der im Ausland lebenden Deutschen. Sie warfen ihren zurückgebliebenen politischen Weggefährten von einst, die es sich mit dem Regime einzurichten suchten, immer offener bloßen Opportunismus vor. «Das Neue Tage-Buch» war nur eines der zahlreichen Organe, in denen solch radikale Stimmen eine Öffentlichkeit fanden. Die «Frankfurter Zeitung» ihrerseits reagierte im Sommer 1933 mit zwei Artikeln auf diese Vorwürfe. Der eine stammte aus der Feder Heinrich Simons und erschien am 16. Juli unter dem Titel «Schriftsteller im Exil». Sein Tenor bestand darin, den Exilierten jede Glaubwürdigkeit abzusprechen, weil sie vom sicheren Ausland aus agierten. «Es geht um etwas», heißt es in diesem die wahren Zustände verharmlosenden und verschleiernden Dokument, das selbst zwischen den Zeilen keine andere Lesart zulässt, «was mit dem Wesen der Nation zu tun hat. Die Sozialdemokratie erfuhr das am eigenen Leibe. Als 1914 die Nation in Gegensatz zu anderen geriet, zerbrach ihre internationale Brüderschaft innerhalb von Stunden. Ganz ohne Zwang, aus der Forderung des schicksalhaften Augenblickes heraus, weil es kein Leben außerhalb der Nation gibt. Darum stößt jeder Deutsche, der sich außen gegen einzelne Deutsche wendet, immer auf das ganze Deutschland. Selbst wenn seine Kritik und sein Tadeln Anschauungen und Methoden trifft, denen auch manche unter den Deutschen im Lande nicht zustimmen, wird diese Kritik dennoch von allen darum abgelehnt, weil sie aus der Gefahrlosigkeit im fremden Land heraus geübt wird [...].»[204] Eine Woche später legte ein anonymer Autor mit einer Zuschrift «Deutsche Emigration» noch nach: «Es gibt unter den emigrierten Politikern manche, die die Daheimgebliebenen schon beinahe als halbe Abtrünnige empfinden – auch dies ein typischer Zug der Emigration, die vor sich selbst den Glauben braucht, daß sie herausgehen mußte, um ihrer Gesinnung treu zu bleiben. Umgekehrt aber ist es das Natürlichste, wenn den Emigranten von Deutschland her geantwortet wird: ‹Was heute in Deutschland möglich, vernünftig, richtig ist, das können nicht die draußen beurteilen, sondern nur wir.› Auch diesen Gegensatz, diese Entfremdung zwischen Heimat und Emigration, kennt die Geschichte zur Genüge.»[205]

Wären Kracauers Arbeiten nicht bereits vor diesen beiden Artikeln erschienen, hätte man seine Publikationen im «Neuen Tage-Buch» in der Tat als offenen Affront – als Protest gegen derlei Verharmlosungen der nationalsozialistischen Diktatur – auslegen können. So aber drängt sich nur eine einzige Deutung auf – Kracauers eigene, die er in einer kleinen autobiographischen Notiz festgehalten hat: Die Zeitung habe ihm gekündigt, weil sie offenbar seine linke *Einstellung sowohl wie* sein *Judentum als eine zu große Belastung auf ihrem ferneren Lebenswege* empfinde.[206]

# Ins Unpolitische abgeglitten?

## PARISER EXIL: 1933 – 1940

Nicht zuletzt auch vor dem Hintergrund der Ereignisse, die zu seiner Entlassung führten, registriert man mit Erstaunen das Zeugnis Ernst und Karola Blochs, Kracauer habe sich mit dem Beginn des Exils aus allen politischen Tagesdebatten verabschiedet. In seiner Pariser Zeit, so meinten sie noch in einer Rückschau des Jahres 1976, sei er «ganz apolitisch» geworden, und das habe sie einander entfremdet.[207] Auch Hermann Budzislawski, Herausgeber der «Neuen Weltbühne», nährte das Bild von einem Publizisten, der sich aus dem Kampf gegen den Faschismus heraushielt. Nachdem er ihn wiederholt, aber erfolglos zur Mitarbeit an seiner Zeitschrift aufgefordert hatte, schrieb er ihm fast resigniert: «Ich finde es sehr bedauerlich, daß ein Mann wie Sie seit zwei Jahren, soweit ich übersehen kann, an keiner Stelle etwas publiziert» hat.[208]

Siegfried Kracauer ist diesen unzutreffenden Darstellungen nie entgegengetreten. Zwar veröffentlichte er die Mehrzahl seiner Exilarbeiten anonym oder pseudonym, aber dies war die einzige Konzession, die er – vermutlich aus Rücksicht auf in Deutschland verbliebene Verwandte (Mutter und Tante, Schwägerin Franziska Ehrenreich und deren Mann, der Maler Hanns Ludwig Katz) – seiner neuen Situation machte. Doch er exponierte sich auch politisch: so mit einer Reihe von Artikeln, die in erkennbar systematischer Absicht eine erste umfassende Bestandsaufnahme der neuen gesellschaftlichen Lage in Deutschland und Europa lieferten. Diese und andere – französischsprachige – Veröffentlichungen, zum Beispiel über das Verhältnis der Deutschen zum Nationalsozialismus, zum Autodafé vom 10. Mai 1933, *Über die deutsche Jugend* und *Deutsche Protestanten im Kampf*, über Oswald Spenglers *intellektuelle Anpassung an den Hitlerismus* sowie über neue Arbeits- und Wirtschaftsgesetze[209], scheinen Freunde und Bekannte jedoch nicht zur Kenntnis genommen zu haben. Dies belegt einmal mehr, wie wenig Aufmerksamkeit sie den Publikationsorganen ihrer Gastländer schenkten. Allerdings enthielten diese Arbeiten auch

Bücherverbrennung auf dem Opernplatz in Berlin am 10. Mai 1933. Studenten und Nationalsozialisten werfen bei der «Aktion wider den undeutschen Geist» verfemte Literatur in die Flammen.

Thesen, die nur schwerlich auf ihre Gegenliebe gestoßen wären. Welche Position er im weltanschaulichen Spektrum des Exils vertrat, hat Kracauer – gewissermaßen in literarischer Fortsetzung und Ergänzung seiner politischen Artikel – in einem epischen Werk niedergelegt, das er, obschon 1929 in Angriff genommen, erst fünf Jahre später im Pariser Asyl vollendete. Die Rede ist hier von seinem zweiten Roman, *Georg*, ein Opus, das wenigstens teilweise seine Isolierung in den Exiljahren erklärt.

In unmittelbarem Anschluss an das erste große Erzählwerk *Ginster* begonnen, war dieser zweite Roman von Anfang an als Fortsetzung des ersten konzipiert. Wo mit den revolutionären Erhebungen im Nachkriegsdeutschland 1918/19 die Geschichte Ginsters endet, schließt die Georgs nahtlos an. *Mein Roman*, so heißt es in einem Exposé, *spielt in der Deutschen Republik 1920 bis 1926/28, also in jener Epoche, die zeitlich begrenzt wird vom Ende des Weltkriegs und dem Erstarken des National-Sozialismus, der selber nicht mehr einbezogen ist.*[210] Über die lange Entstehungszeit sowie die einschneidenden politischen Veränderungen, die in diese Jahre fielen, dürften sich die Akzente des ursprünglichen Plans entscheidend verschoben haben. Wie bereits im Falle des *Ginster*, so sind auch im *Georg* Entwicklungs- und Gesellschaftsroman eine glückliche Verbindung eingegangen – wenn auch mit einer unterschiedlichen Gewichtung. Die Geschichte Ginsters kreist noch völlig um die Person des Protagonisten: seinen Werdegang, sein Denken und Fühlen, seine Entscheidungen, seine Tag- und Nachtträume, Vorlieben und Passionen. Im Mittelpunkt der Erzählung steht mithin das Individuum, während Zeit und Gesellschaft, daran gemessen, allenfalls schemenhafte Umrisse gewinnen. Im *Georg* hingegen hat man es mit zwei deutlich geschiedenen «Handlungs»strängen zu tun: Parallel zum beinahe tragikomischen Schicksal seines Helden entfaltet Kracauer ein umfassendes Panorama der *wichtigsten Ereignisse [...], die in den geschilderten Zeitraum fallen: [...] die revolutionäre Spannung in den ersten Nachkriegsjahren; die Inflation und die teilweise durch sie bedingte geistige Anarchie; die Zustände, die sich im Anschluss an die Stabilisierung der Währung entwickeln*[211]. Georgs Person und sein individueller Werdegang bilden also nicht mehr allein das Gravitationszentrum der Geschichte. Ja, gemessen am *Ginster* erfährt man sogar herzlich wenig von ihm, umso mehr jedoch über die Gesellschaft, in der er lebt und sich bewegt.

*Georg* ist die Geschichte eines jungen Mannes, der sich nicht ohne Ernst, aber auch mit viel Naivität im Chaos des aus den Ruinen der Monarchie und eines verlorenen Weltkriegs erstandenen neuen (Weimarer) Deutschland zurechtzufinden und zu bewähren sucht. Das Erste gelingt ihm noch leidlich; er findet, begleitet von allerlei Enttäuschungen und Unbill, schließlich doch seinen Weg. Das zweite Ziel hingegen, das ihm die Fähigkeit zur steten Anpassung an die raschen gesellschaftlichen Wandlungen abverlangt, verfehlt er völlig, und das aus Gründen, die wiederum mit den Erfahrungen zusammenhängen, die er im Lauf seiner Selbstfindung sammelt. Georgs sehnlichster Wunsch ist es anfangs, öffentlich hervorzutreten und zu wirken. Sein Streben scheint von Erfolg gekrönt zu sein, als er Lokalreporter bei einer Zeitung namens «Morgenbote» wird. In die Redaktion dieses Blattes, das zunächst *im revolutionären Fahrwasser plätschert*[212], tritt er in der Überzeugung ein, dass es in den gesellschaftlichen Auseinandersetzungen so etwas wie eine allgemein verbindliche *Richtschnur*

Siegfried Kracauer,
1934

geben müsse, *die für alle Menschen verbindlich* sei, *eine feste Lehre, die uns völlig* umfange.[213] Doch im Lauf seiner Tätigkeit, die ihn mit *Pazifisten, Sozialdemokraten* und jenen *Bürgerliche[n], die von der revolutionären Erregung der ersten Nachkriegsjahre mitgerissen* wurden, mit *Kleinbürger[n], Repräsentanten des Katholizismus* und anderen *religiös bestimmte[n] Naturen*, mit Jugendbewegten, *Grosskaufleute[n], Universitätsdozenten* und *Kommunisten* in Berührung bringt, wird er gewahr, wie wenig Anlass zu solcher Zuversicht besteht. Zur Enttäuschung des ursprünglich so hoffnungs- und erwartungsvollen Georg genießen Aufrichtigkeit und Verbindlichkeit in diesen Kreisen keine allzu hohe Schätzung. *Je weiter die Handlung fortschreitet, desto mehr wird er entzaubert.* Diese Desillusionierung ist freilich mit Einsicht und Erkenntnis verbunden: *Zuletzt durchschaut er die Kläglichkeit der Gesellschaft, in der er lebt, und da er aus seiner Meinung über sie keinen Hehl macht, fliegt er wieder aus der Zeitung heraus. Klar, hell, illusionslos bleibt er zurück.* [214]

An der Gesellschaft, deren Bild dieser Roman entfaltet, lässt der Autor kein gutes Haar, da sie alle in sie gesetzten Erwartungen und Hoffnungen enttäuscht: *Statt die (sozialen und politischen) Neuerungen durchzuführen, von denen sie fortwährend schwatzt, verhärtet sie sich zusehends. [...] Sie drischt Phrasen; sie verbrämt ihre egoistischen Interessen mit lauter Ideologie; sie hält menschlich nicht stand. Am Schluß des Romans wird der Leser, durchaus folgerichtig, mit der Gewißheit ihres nahen Untergangs entlassen.* Was hier also geschildert wird, ist der *von oben bis unten durchgreifende Verfaulungsprozeß der deutschen republikanischen Gesellschaft*, die dann wenige Jahre später *vom National-Sozialismus hinweggefegt* wird.[215] Zeit und Ereignisse sind in diesem Werk nicht einfach inventarisiert, sondern werden in einer Weise dargeboten, dass Komposition und Inhalt des Ganzen am Ende auf eine Prognose über die Zukunft dieser Gesellschaft hinauslaufen. Das Weimarer Deutschland, so könnte man sie zusammenfassen, war förmlich dazu verdammt, in eine Rechtsdiktatur einzumünden. Mit dieser Vorhersage erweist sich am Ende, dass die Jahre, in denen der Nationalsozialismus erstarkte und schließlich die Macht an sich riss, in der Handlung zwar ausgespart bleiben, aber doch den eigentlichen Fluchtpunkt der Darstellung bilden. Seinen hochpolitischen Charakter gewinnt der Roman freilich noch in anderer Hinsicht, und zwar in der Lehre, die Georg aus all seinen Erfahrungen im Umgang mit den Repräsentanten der verschiedenen gesellschaftlichen Gruppen, mit denen er selbst zeitweilig sympathisiert, am Ende zieht: *Unberührt vom Gewoge der überlebenden Menge faßte Georg den Vorsatz, sich nie mehr in irgendeine Gemeinschaft locken zu lassen, sondern bei sich selber zu bleiben.* [216] Die Moral der Geschichte besteht also in der festen Absicht des Protagonisten, sich nie wieder von irgendwelchen Gemeinschaftsideologien einfangen zu lassen. Und zu dieser Einsicht – darin besteht der großartige Kunstgriff Kracauers – gelangt Georg nicht durch bloßes Nachdenken, nicht durch ruhiges Abwägen all seiner Eindrücke und Erfahrungen. Derlei «menschliche» Regungen sind ihm ziemlich fremd. Der Held dieses Romans ist ein höchst unpersönliches, ja fast un- beziehungsweise übermenschliches, auf jeden Fall aber «unwirkliches» Wesen. Im

Ganzen der Erzählung fungiert Georg als *eine Art Parzifal* – mit bemerkenswerten Eigenschaften: Dieser naive, aufrichtige *Tor* verfügt über eine *ausgeprägte Empfindlichkeit menschlichen Unzulänglichkeiten gegenüber.* Wie eine *Wünschelrute* schlägt er *überall dort* aus, wo sich entweder *echte menschliche (und sachliche) Substanz* findet oder *unechte[s] und irreale[s] Verhalten.* Die übrigen Protagonisten des Romans *geben lediglich dadurch, dass sie mit ihm in Beziehung treten, ihre Blössen bzw. ihren verborgenen Wert preis; ohne dass Georg selber sie zu beurteilen oder auszutarieren brauchte. Kraft seiner blossen Existenz – nicht etwa durch irgendwelche Reflexionen – enthüllt er den Grund der Wirklichkeit.*[217] Georg ist gewissermaßen der Spiegel, in dem die wechselnden Physiognomien seiner jeweiligen Gegenüber Konturen gewinnen, ohne doch je fixiert zu werden beziehungsweise fixierbar zu sein. In seinem ganzen Handeln ähnelt er weniger irgendeinem der Toren, wie sie die deutsche und europäische Literaturgeschichte vom Simplicissimus bis zum Schwejk kennt, als vielmehr einer sehr zeitgemäßen Filmgestalt: Charlot alias Charlie Chaplin. Wie *ihm ist* auch Georg *das Ich abhanden gekommen.* Wie Charlot ist er *ein Mensch ohne Oberfläche [...] ein Loch,* aber eines, aus dem *das reine Menschliche unverbunden heraus[strahlt].*[218] Auch *Charlie lebt [...] im Spiegelkabinett der Welt,* die *ihm ein Gaukelspiel der Menschen [...] und Dinge* ist, *in dem er höchstens aus Zufall einmal feste Konturen greift.*[219] Wie Charlie *kennt* auch Georg *sich im Leben eben nicht aus; ein religions- und vaterlandsloser Geselle*[220]. Diese Aufzählung verwandter Eigenschaften des Filmhelden einerseits und der Romangestalt andererseits ließe sich fortsetzen. Sie sind sich – gemessen am Bild, das Kracauer in zahllosen Arbeiten von Chaplin zeichnet – derart ähnlich, dass man den Eindruck gewinnt, Georg sei nur die literarische Reproduktion des klei-nen Mannes mit der Melone und dem Spazierstock – dieser Verkörperung des Menschlichen schlechthin, die vor allem eine Eigenschaft auszeichne: *Religionsbekenntnis, Vaterland, Reichtum und Klassenzugehörigkeit setzen Unterschiede zwischen den Menschen, und nur der Ausgestoßene, der keinen Anteil an ihnen hat, lebt –* was zu unterstreichen ist – *unabhängig von jeder Begrenzung.*[221]

Die Veröffentlichung seines Romans hat Kracauer nicht mehr erlebt; *Georg* erschien postum 1973.[222] Dabei hatte es sein Autor ebenso wenig an Initiative fehlen lassen – er bot das Manuskript

u. a. Schweizer, österreichischen und tschechischen Verlagen an –,
wie es ihm an prominenter Fürsprache mangelte: So setzten sich
André Malraux, Gabriel Marcel und Thomas Mann nachhaltig für
seine Veröffentlichung ein. Gleichwohl war keine dieser Initiativen von Erfolg gekrönt, und damit drängt sich der Verdacht auf, dass das Desinteresse der Verleger letztlich auch mit Inhalt und Moral des Erzählwerks zu tun hatte. Kracauer hat sich zeitlebens geweigert, Mitglied irgendeiner politischen Partei zu werden. Ja, er mochte mit einer solchen nicht einmal offen sympathisieren. Die Gründe seiner Ablehnung, sich nach außen hin mit irgendwelchen Haltungen und Programmen zu identifizieren, lässt er in *Georg* ausführlich Revue passieren. Kein Repräsentant all dieser gesellschaftlichen Gruppen und politischen Parteien, Bewegungen und Strömungen erscheint darin in einem so positiven Licht, dass man ihn als Einladung zur Identifizierung missverstehen könnte. Alles, was hier ausgebreitet wird, provoziert vielmehr eine Haltung, die sich solcher Parteinahme verweigert. Und eine solche Moral musste angesichts der völlig veränderten politischen Situation nach 1933 fast zwangsläufig auf Ablehnung stoßen. Es waren schließlich Jahre, in denen exilierte Schriftsteller ebenso wie ihre vertriebenen Verleger glaubten, politisch Partei ergreifen zu müssen. Und vor diesem Hintergrund konnte der Roman nur als Häresie im Spektrum der Bemühungen um eine gemeinsame Front gegen den europäischen Faschismus und den Hitlers gedeutet werden.

---

Sehr verehrter Herr Kracauer: Die hohen literarischen Eigenschaften Ihres grossen Gesellschaftsbildes haben ihren Eindruck auf mich nicht verfehlt, und das Problem des Buches, ich meine sein Schicksal, beschäftigt mich angelegentlich. Ich habe in diesen Tagen der Lektüre seine geschmeidige Stilistik, seinen Geist, die schmerzliche Schärfe seiner Beobachtung zu sehr schätzen und ehren gelernt, als dass ich seine baldige Veröffentlichung nicht mit Ihnen wünschen müsste, – unter welchem Titel, das ist freilich auch für mich eine schwierige wie reizvolle Frage, und zwar besteht die Schwierigkeit, meine ich, darin, dass das Werk einerseits so sehr ein Gesellschaftsgemälde ist, dass durch diese Eigenschaft der Titel bestimmt werden müsste und geradezu «Gesellschaft» lauten könnte; auf der anderen Seite und vielleicht, wenn man genauer hinsieht, vor allem, handelt es sich auch wieder um eine innere, eine Ich-Geschichte, und so hat man auch wieder den Wunsch, den Titel danach zu bilden.

Thomas Mann an Kracauer, 18. 12. 1934

---

Alle wichtigen, im französischen Exil entstandenen Arbeiten Kracauers sind im Grunde genommen Versuche, eine historisch-gesellschaftliche Erklärung für den politischen Wandel in Deutschland und Europa zu finden. Das gilt selbst für solche Publikationen, denen man ihren dediziert politischen Charakter auf den ersten Blick gar nicht ansieht. Ein Beispiel dafür ist sein Buch über den Komponisten *Jacques Offenbach und das Paris seiner Zeit*, mit dessen Materialstudien er bereits im Sommer 1934 begann. In seinen Briefen aus dieser Zeit ließ er sich kaum Details zum neuen Vorhaben entlocken. Nur so viel gab er davon preis: dass er mit dem geplanten Buch wiederum *Neuland* betrete [223] und dass es sich um *eine Biographie aus der Zeit des II. Kaiserreichs* handeln würde, *mit viel Gesellschaft darin*. [224]

Für seine Geheimnistuerei glaubte Kracauer gute Gründe zu haben. Denn wie mussten seine engeren Freunde die Nachricht aufnehmen, dass ausgerechnet er, der erklärte Kritiker eines Emil Ludwig und Stefan Zweig, sich nunmehr selbst einem Genre – der Biographie – verschrieb, dessen Popularität er noch wenige Jahre zuvor als Ausdruck des gesellschaftspolitischen Eskapismus gebrandmarkt hatte? [225] Und wie viel Häme und Spott würden sie erst über ihn ausschütten, wenn sie das Thema erführen? Denn bei aller Virtuosität, die er als Publizist von jeher in der Behandlung selbst abseitigster Gegenstände demonstriert hatte – als Musikkenner hatte sich Kracauer nun wahrlich noch nicht ausgewiesen. Dazu fehlten ihm auch die Voraussetzungen.

Dass er sich in einer Gattung «leichter Diktion» versuchte [226], scheint man – in diesem Falle: Ernst Křenek – Kracauer jedoch großzügig nachgesehen zu haben. Angesichts der prekären finanziellen Verhältnisse, unter denen die meisten Exilschriftsteller litten, war es nur zu verständlich, dass sich ein Autor gelegentlich einem Genre verschrieb, das – nach dem Roman – noch am ehesten einen auch pekuniären Erfolg versprach. Und wie sehr solche Erwägungen seine Entscheidung mitbestimmt hatten, das verhehlte Kracauer seinen Briefpartnern keineswegs. Fast entschuldigend heißt es beispielsweise in einem Schreiben an Ernst Bloch, er wolle und müsse sich mit *Berserkerwut* in die *neue Arbeit stürzen*, da seine *knappen Mittel* schon in absehbarer Zeit gänzlich aufgebraucht sein würden. [227]

Nicht höhnisch, aber doch wesentlich strenger beurteilten ihm nahe stehende Personen hingegen das, was ihnen schließlich als «Musikerbiographie ohne Musik»[228] vor Augen kam. Ihrer Meinung nach war Kracauer nicht zuletzt deshalb an seiner Aufgabe gescheitert, weil er in diesem Fall seine Kompetenz überschritten hatte. Adorno fasste das stellvertretend für alle dahingehend zusammen, dass das Buch zwar «thematisch» durchaus «ein guter Griff» sei, böte Offenbachs Werk doch «zentrale Einsichten» zu «einer gesellschaftlichen Theorie der Musik des neunzehnten Jahrhunderts»; aber ebendies sei nur am musikalischen Material zu erweisen.[229]

Die relativ lange Entstehungszeit des Werkes – aus den allzu optimistisch veranschlagten *6–8 Monate[n]*[230] wurden fast zwei Jahre – schuldete sich nicht zuletzt den denkbar schlechten Voraussetzungen für die Behandlung des Themas. Dass es bis dahin kaum ernst zu nehmende und wirklich umfassende Darstellungen zum Leben und Werk Offenbachs gab, hätte Kracauer eher pessimistisch stimmen müssen. Darüber hinaus suchte man Gesamtverzeichnisse Offenbach'scher Partituren, Klavierauszüge, Skizzen und Entwürfe ebenso vergebens wie Editionen seiner autobiographischen Schriften, der Briefe vor allem. Spärlich gesät waren auch Erinnerungen und ähnliche Zeugnisse von Angehörigen, Freunden sowie Mitarbeitern Offenbachs. Aufführungskritiken seiner Werke hingegen hatte man sich mühsam aus verstreutesten Publikationsquellen zusammenzuklauben. Und detaillierte wissenschaftliche Untersuchungen – etwa solche über die soziale Zusammensetzung seines Publikums oder musikologische zu seiner Entwicklung vom Komponisten mehr oder weniger populärer Melodien bis hin zur Oper «Hoffmanns Erzählungen» – waren schlichtweg inexistent. Hatte Kracauer also seine Aufgabe einfach unterschätzt? Handelt es sich, um es hier in Anspielung auf Adornos Kritik zu sagen, die in einem Privatbrief noch viel unzweideutiger und schärfer ausfiel[231], einfach um einen Akt «geistiger Hochstapelei»? Führte wenigstens vom Titel her das Buch sein Publikum in die Irre?

Auf den ersten Blick scheinen alle Charakteristika der Darstellung diese Verdachtsmomente zu erhärten. Einmal abgesehen davon, dass hier kaum Neues zu Offenbachs Biographie beigebracht wird, ist fast mehr noch als von ihm selbst und seiner Musik von Operettentexten die Rede, die nachweislich von Dritten, und zwar den Librettisten Offenbachs stammten: allen voran Henri Meilhac und Ludovic Halévy, dessen Sohn Daniel übrigens der Publikation erst den Weg geebnet hatte.[232] Darüber hinaus sucht man Begriffe wie Dur und Moll, Allegro und Moderato beinahe vergebens, von den fehlenden Notenbeispielen ganz zu schweigen. Und schließlich nehmen sich zahllose Beschreibungen, sei's der historischen Protagonisten, sei's gewisser politischer Umstände und Details, eher wie Selbstbildnisse des Verfassers und Porträts einer höchst aktuellen deutschen Situation des 20. Jahrhunderts aus.

Jacques Offenbach (1819–1880), um 1868

Im Vorwort seines Buchs hat Kracauer versucht, solchen und ähnlichen Einwänden dadurch zu begegnen, dass er sich unmissverständlich dazu äußerte, was sein Werk darstelle und was es hingegen nicht zu sein beanspruche: *keine Privatbiographie Jacques Offenbachs*, sondern eine, wie er durch Kursive ausdrücklich hervorhob, *Gesellschaftsbiographie*, bei deren Lektüre die *rein musikalisch interessierten Leser zu kurz* kämen. Deutlicher konnte man das nicht sagen. Doch relativierte das bereits Adornos Kritik? Sollte der Autor allenfalls eine Chance vertan haben? Nämlich die, seine Thesen durch *innermusikalische Analysen und Interpretationen*[233] noch zusätzlich abzustützen?

Von Anbeginn war das Buch als Untersuchung geplant, deren besonderes Augenmerk den *Beziehungen zwischen Gesellschaft und Offenbach* galt.[234] So heißt es in einem Schreiben vom 7. April 1935, mit dem Kracauer der Büchergilde Gutenberg sein damals noch ungeschriebenes Werk anbot: Seine Abhandlung würde sich *keineswegs aufs rein Biographische beschränken.* Vielmehr sollte sie *höchst aktuelle Probleme anrühren: so die des Judentums, der Emigration, der Diktatur, der revolutionären Funktion der Operette Offenbachs [...], Revolution, Krieg, Republik usw.* – mithin *viele Dinge zur Sprache [...] bringen,* die *zeitgemäss* seien.[235] Offenbachs Werk bildete also nur den Anlass, um historisch-politische Probleme der Gegenwart zur Sprache zu bringen. Und dieser Aktualitätsbezug ist allerorten greifbar; so beispielsweise, wenn der Bürgerkönig Louis Philippe in einer Weise porträtiert wird, die sofort Assoziationen zu Hitler wecken musste: ein Mann, den ein geradezu mystischer Glaube an «seine» Mission erfüllte, ein kläglicher Putschist, ein Politiker, dessen Geld *aus zweifelhaften Quellen* stammte und den *noch zweifelhaftere Anhänger* trugen, ein Parteiführer, dessen Programm ein kunterbuntes Durcheinander von sozialen Reformversprechungen, Cäsarismus und nationalistischem Gedankengut bildete, einer, der die Revision von Friedensverträgen forderte, *in allen Parteien Stimmen fand* und von dem konservative Unterstützer glaubten, er würde rasch abgewirtschaftet haben.[236]

Aufgrund ihrer auffallenden Korrespondenzen zur deutschen Entwicklung vor und nach der nationalsozialistischen Machtergreifung wurde die Geschichte Frankreichs von der Regierungszeit Louis-Philippes bis zu den Anfängen der Dritten Republik 1870 geradezu ein Modethema. Bereits 1934 war Alfred Neumanns «Neuer Caesar», eine Geschichte Napoleons III., erschienen, dem der Autor zwei Jahre später ein «Kaiserreich» folgen ließ – zwei Werke, die Kracauer aber allem Anschein nach nicht zur Kenntnis genommen hat. Umso besser freilich dürfte er über die Projekte und Schriften seiner engeren Freunde informiert gewesen sein. So war ihm zweifelsohne nicht entgangen, dass Walter Benjamin schon seit Jahren an einem großen Werk über die Pariser Passagen, Charles Baudelaire und das Second Empire saß[237], dessen weitere Ausarbeitung er gerade zu Beginn seines Exils – mithin in der Zeit, in der beide häufiger zusammentrafen – wieder aufgenommen hatte. Ob freilich Benjamins Befürchtungen berechtigt waren, der Freund könnte Ideenklau treiben – «Kracauer», so heißt es in einem seiner Briefe, «schreibt ein Buch über Offenbach und da muß ich dann mit meinen Reflexionen gleichfalls hinter dem Berge halten»[238] –, sei dahingestellt. Und Ernst Bloch hatte bereits in seiner 1933/34 erschienenen «Erbschaft dieser Zeit» mit einem Kapitel «Hieroglyphen des XIX. Jahrhunderts» die Fundamente einer Vergleichbarkeit beider Epochen gelegt: «[...] das XIX. Jahrhundert steckt an sich schon voller Traum, Gemisch und Gemunkel; heutige Erinnerung legt das Gewesene nur weiter aus. Die Form, worin dies Jahrhundert vergangene Zeiten nachträumte, nachbildete, mischte und ersetzte, schießt zur Hieroglyphe zusammen.»[239] Kracauer ging in seiner Deutung nur etwas weiter, indem er Blochs Beobachtung radikalisierte und dieser Epoche in jeder Hinsicht Modellcharakter zusprach. Und insbesondere der Regierungszeit Napoleons III., der Epoche, in die der Höhepunkt von Offenbachs Karriere fiel, erkannte er dabei ungebrochenen Lehrcharakter zu: *Angesichts des Geschehens unserer Tage wird niemand verkennen, daß gerade die Phantasmagorie des Zweiten Kaiserreichs Aktualität besitzt.*[240] Diese Aktualität mochte man nun (wie Benjamin) an Baudelaire und seinen «Fleurs du mal» nachweisen oder auch allgemeiner am (französischen) 19. Jahrhundert insgesamt demonstrieren. Nicht zu leugnen bleibt aber, dass die Offenbachiade und die Biographie ihres Schöpfers eine besonders eindrückliche Vorstellung von dieser Epoche zwischen den dreißiger und siebziger Jahren des 19. Jahrhunderts vermitteln.

«Operettenhaft»[241], so darf man Kracauers zentrale Gedanken vielleicht zusammenfassen, sei die Gesellschaft insbesondere des Zweiten Kaiserreichs gewesen, weshalb Offenbachs Werke den *repräsentativsten Ausdruck* dieser Ära bildeten. Und über ihren Spiegelungscharakter hinaus hülfen sie, diese Epoche, wie es im Buch ein wenig brüsk und zugleich rätselhaft heißt, *zu sprengen*[242]. Die These vom sprengenden Charakter der Offenbachiade ist nun aber insofern problematisch, als sie in der Tat nur durch eine Analyse des musikalischen Materials zu verifizieren gewesen wäre. Und in diesem Aspekt erweist sich der bloße Hinweis auf den unmusikalischen Charakter des Buches eben doch eher als Ausflucht.

Welche Lehren hielt nun aber die Zeit Napoleons für die Zeitgenossen Kracauers bereit? In der Unterstreichung des Operettenhaften und Inszenierten dieser Ära ist bereits der Bogen geschlagen von der Vergangenheit in die Gegenwart der faschistischen Regimes in Deutschland und Italien, wo Kracauer seine ersten persönlichen Erfahrungen mit dem europäischen Faschismus machte.[243] Bevorzugt wird sodann die Darstellung vor allem jener Faktoren und Etappen der französischen Geschichte, die der Gesellschaftsbiograph als determinierend für den Rückfall in die Diktatur des Neffen eines einst nun wirklich großen Kaisers erachtete. Freiheitsverheißungen und ihre ausbleibende Einlösung, der leichengepflasterte Weg aller Freiheitsbestrebungen des 19. Jahrhunderts, das politisch versagende Bürgertum und sein Verrat am einstigen Revolutionsalliierten, dem Proletariat, die Rolle der Zeitung, das Spekulantentum, die zum Himmel schreiende soziale Ungerechtigkeit: das sind einige der Ingredienzen seiner Darstellung, die über weite Strecken den Eindruck erweckt, hier werde nicht die französische Geschichte des 19. Jahrhunderts, sondern vielmehr die deutsche seit dem Ende des Ersten Weltkriegs bis in die ersten Jahre der nationalsozialistischen Diktatur hinein beschrieben.

Über diese sachlichen, historisch-politischen Zusammenhänge hinaus dürfte es noch einige, eher persönliche Motive gegeben haben, die Kracauer auf das Thema «Offenbach» verfallen ließen. Wo dessen Werdegang nicht schon wirkliche Parallelen zur Biographie seines Interpreten aufwies, bot er doch zumindest die Möglichkeit, solche leichthin herzustellen, um nicht zu sagen: zu konstruieren. Denn wie sein Held sah sich oder war Kracauer wirklich ein Einzelgänger, Emigrant, Jude und, wie zuletzt noch diese Publikation und die Reaktionen darauf nachdrücklich belegten, ein publizistischer Außenseiter. Schließlich mag noch ein letzter Aspekt eine nicht zu unterschätzende und möglicherweise zweifach interpretierbare Rolle gespielt haben. Bekanntlich war Offenbach der deutsche Gegenspieler Richard Wagners, mithin jenes Komponisten, der so unheilvoll für das nationalsozialistische Deutschland einstand. Von ihrer Beziehung heißt es in der Monographie, dass sie *zwei Welten* repräsentierten, die sich *einander* ausschlössen, und im Übrigen könne man sich *zu Wagner nur direkt polemisch oder anbetend verhalten*.[244] Damit schloss Kracauer einerseits die Möglichkeit einer eventuellen Rettung Wagners für ein anderes, «besseres» Deutschland, das sein Dasein im Exil fristete, von vornherein aus. Andererseits ist diese Sicht der Dinge zweifellos auch undialektisch und steht darüber hinaus in Widerspruch zum Verfahren Kracauers, die Extreme in Offenbachs Existenz auszubalancieren: Offenbachs Abneigung gegen die Revolution sei fast triebhaft gewesen [245], gleichwohl sei gerade seine Musik *die entscheidende Form des revolutionären Protestes* [246]. Dieser Widerspruch, einerseits der Erhaltung von Zuständen das Wort zu reden, die man andererseits im Medium der eigenen Musik permanent in Frage stellt beziehungsweise liquidiert – ließ er sich nicht, mutatis mutandis, auch für Wagner fruchtbar machen? Eine solche Einsicht und nähere Begründung hätte freilich wiederum Kenntnisse vorausgesetzt, über die Kracauer nicht verfügte. Adorno sollte dies einige Jahre später mit seinem «Versuch über Wagner» [247] leisten, womit er gewissermaßen den *Offenbach* seines Freundes fortschrieb und dabei um die entscheidende musikalische Komponente erweiterte.

So stellt denn dieses Werk in erster Linie die konsequente – auch kompositorisch-stilistische – Fortsetzung dessen dar, was Kracauer spätestens mit dem Roman *Georg* begonnen hatte. Ja, in gewisser Weise lassen sich sogar seine beiden voraufgegangenen Romane sowie diese Biographie als Trilogie und als Lehrbeispiel dialektischer Gesellschaftskritik lesen: Auf die Introspektion Ginsters, auf die Analyse innerer Befindlichkeit des Protagonisten und seiner Zeit (These), folgen (als Antithese) die gesellschaftlichen Erfahrungen Georgs, um schließlich in Reflexionen (der Synthese) einzumünden, deren Schlussfolgerungen sich zu einem Bild verdichten, das verhaltene Hoffnungsschimmer verbreitet: Offenbach sei vor allem *ein Mittler zwischen der Zeit und dem Paradies gewesen* [248].

Das Buch hat – vor allem nach Erscheinen der amerikanischen Ausgabe 1938 – ein breites, jedoch alles andere als einhellig kritisches Echo gefunden. Die Autoren der zahlreichen Besprechungen lassen sich dabei grob zwei Lagern zuschlagen: Auf der einen Seite stehen die, die nachdrücklich den Finger auf die Wunde der fehlenden musikalischen Analyse legten, auf der anderen jene, die sich von der Begründung dieses Verzichts zufrieden stellen ließen und stattdessen die Virtuosität des Gesellschaftsbiographen herausstrichen.

Angesichts zahlreicher Übersetzungen – dem Erscheinen einer polnischen und tschechischen Übertragung kam lediglich *Hitler [...] zuvor*[249] –, der Vorab- und Nachdrucke sowie unzähligen Kritiken mag das Buch ein großer verlegerischer Erfolg gewesen sein. Die finanziellen Probleme seines Autors aber löste es in keiner Weise. Und mehr als das. Die Veröffentlichung belastete über Gebühr Kracauers Beziehung zu einer Einrichtung, die ihm wenigstens ein Existenzminimum hätte garantieren können: die zum ebenfalls schon früh emigrierten «Institut für Sozialforschung».

Siegfried Kracauers letzte Veröffentlichung in einem reichsdeutschen Presseorgan datiert bereits vom 7. Mai 1933. Seinem Freund Benjamin gelang es dagegen noch bis 1935, anonyme oder pseudonym gezeichnete Artikel u. a. in der «Frankfurter Zeitung» unterzubringen. Insofern war Kracauer von Anbeginn seines Exils darauf verwiesen, sich neue Publikationsquellen zu erschließen. Überblickt man die Bibliographie seiner Schriften, so scheint es ihm anfangs auch problemlos gelungen zu sein, Aufträge hereinzuholen: Veröffentlichungen in französischen Zeitschriften sowie Organen und Verlagen des deutschsprachigen Exils belegen, dass sein Renommee mit der Flucht aus Deutschland keinen Schaden genommen hatte. Dieser Umstand mag erklären, dass er eine ihm durchaus nahe liegende Verbindung zunächst <u>nicht</u> suchte – und als sie dann zustande kam, wurde sie ihm mehr beschert, als dass <u>er</u> die Initiative in dieser Sache ergriffen hätte: die zur «Zeitschrift für Sozialforschung», dem Organ des gleichnamigen Instituts.

Lässt man noch einmal die Details der Geschichte von Kracauers Beziehung zu dieser Einrichtung Revue passieren, wird man eines ganz gewiss nicht behaupten können: dass ihre Verantwortlichen und Mitarbeiter – von Leo Löwenthal über Adorno bis hin zu Max Horkheimer – ihm je die in diesen schwierigen Exiljahren überlebenswichtige Solidarität vorenthalten hätten. Frühzeitige und wiederholte Einladungen, an der Gestaltung der Institutszeitschrift mitzuwirken, finanzielle Zuwendungen auch ohne Gegenleistungen, Vermittlung von Kontakten und Aufträgen sowie die entscheidende Hilfestellung bei seinen Bemühungen, sich nach der Besetzung Frankreichs durch die Nazis in die Vereinigten Staaten zu retten, belegen vielmehr das Gegenteil. Darüber hinaus aber lassen die uns überlieferten (und zum guten Teil schon veröffentlichten) Dokumente auch dies erkennen: Alle Bemühungen, Kracauer in die Arbeit des Instituts einzubinden, waren zugleich davon gekennzeichnet, ebendies zu vereiteln. Und die Gründe, die dabei eine Rolle spielten, sind rational insofern kaum nachzuvollziehen, als man es hier mit einem ebenso merkwürdigen wie explosiven Gemisch von verletzten Eitelkeiten, unüberwindlichen persönlichen Animositäten, Missverständnissen und – nur am Rand – auch inhaltlichen, das heißt in erster Linie methodologischen Differenzen zu tun hat. Selbstverständlich spielten die an dieser Farce beteiligten Personen durchaus unterschiedliche Rollen: die entscheidende zweifellos Adorno, Kracauers engste Beziehung zum Institut.

Durch Leo Löwenthal, einen der verantwortlichen Redakteure der Zeitschrift, war Kracauer bereits 1933/34 wiederholt zur Mitarbeit aufgefordert worden. Doch alles Werben blieb zunächst unerhört. Der Angesprochene wollte nicht, das in Aussicht gestellte Honorar für Besprechungen hielt er für zu gering, gemessen am Aufwand. Als sich jedoch die Mitarbeiter des ehedem Frankfurter Instituts 1936 anschickten, «endlich [...] das Fascismusproblem in Angriff [zu] nehmen», sollte auch Kracauer an dieser «Kollektivuntersuchung in größerem Rahmen» beteiligt werden. Über die Analyse der Reklame hoffte man, ins Zentrum gewisser sozialpsychologischer Aspekte totalitärer Systeme vorzudringen oder, wie es in dem hier zitierten Brief Adornos vom Juni 1936 wörtlich heißt: Über ihr «Studium» könne man «zu den tiefsten Einsichten in die Struktur des Faszismus gelangen», da die Reklame im diktatorischen System «erstmals ins politische Zentrum – oder besser in den politischen Vordergrund» trete. Eine ernsthafte Untersuchung dieses Phänomens würde also zu «höchst wichtigen Einsichten führen».[250] Bezeichnend ist nun freilich, dass Adorno bereits im Planungsstadium der Arbeit vorschlug, Kracauer nicht aufgrund seiner Kompetenz an dem Projekt zu beteiligen, sondern aus «Mitleid»[251]!

In diesem Zusammenhang erging noch Ende 1936 der offizielle Auftrag an Kracauer, eine detaillierte Untersuchung zur faschistischen Propaganda zu erarbeiten. Das Manuskript dieser zunächst *Masse und Propaganda*, nach Fertigstellung dann *Die totalitäre*

*Propaganda Deutschlands und Italiens* betitelten Untersuchung lieferte er ziemlich genau ein Jahr später ab. Diese Abhandlung von 176 Seiten ist uns (außer in einer handschriftlichen Rohfassung) bislang nicht überliefert, wohl aber eine Adorno'sche Bearbeitung des Typoskripts (das er auf ein Fünftel seines ursprünglichen Umfangs reduzierte!) sowie die Kracauer'sche Projektbeschreibung. Diesem Exposé nach zu schließen nahm er sich vor, das Thema nach allen nur erdenklichen Richtungen hin auszuleuchten. Ausgehend von der Überzeugung, das Neue des Phänomens bestehe darin, dass *die in den fascistischen Ländern entwickelten Methoden politischer Propaganda* in ihrer *Verbindung von Terror und geistiger Beeinflussung* zum eigentlichen Inhalt der *Politik selber* geworden seien, plante er offenbar eine zugleich historische (*Wie ist diese Propaganda entstanden?*) wie analytische (*Welche Realität liegt ihr zugrunde? Welche Funktion kommt ihr zu?*) und kontrastive Darstellung (*Konfrontation* der fascistischen Propaganda sowohl mit ihrer *demokratischen* wie sowjetischen Variante [252]). Die herausragende Bedeutung der Propaganda in faschistischen Staaten sollte dabei unter insbesondere vier Aspekten aufgearbeitet werden: zunächst unter der Fragestellung, *wie [...] die Hypostasierung der Masse propagandistisch bewältigt* werde. Daran anschließend wollte Kracauer den Nachweis über die engen *Beziehungen zwischen der fascistischen Propaganda und der Scharlatanerie* führen. Über die Aufdeckung der *eigentliche[n] Absicht der fascistischen Propaganda*, die in der *Pseudo-Reintegrierung der von ihr kunstgerecht präparierten Massen* bestehe, sollte die Darstellung schließlich in den Nachweis einmünden, dass *die fascistische Propaganda* nur *eine fiktive Lösung des ihr gestellten sozialen Problems* darstelle. *Gedacht* war das Ganze *als Untersuchung [...], die ein umfassendes Material konstruktiv zu verarbeiten hätte.*[253] Kracauer beabsichtigte also, in Analyse und Darstellung auf eine bereits in den *Angestellten* erprobte Methode zurückzugreifen.

Kaum etwas in den ausführlichen expositorischen Erläuterungen gibt Anlass zu der Vermutung, sein Forschungsprogramm hätte aus sachlichen Gründen oder der politischen Tendenz wegen von vornherein Vorbehalte oder gar Ablehnung beim Auftraggeber herausfordern müssen. Im Gegenteil. Wenigstens Horkheimers erste Reaktion auf das eingesandte Typoskript fiel eher positiv aus: Der Längsschnitt durch die totalitäre Propaganda habe ihm, so in einem Schreiben vom 15. Dezember 1937, besonders gefallen.[254] Völlig anders urteilte dann freilich das Gutachten, mit dem das Institut Adorno betraute. Wie ressentimentgeladen es a priori war, entnimmt man bereits den einleitenden Zeilen, die hier in extenso zitiert seien: «Zur Einschätzung des Kracauerschen Textes», so heißt es in diesem Referat vom März 1938, «scheint es mir nicht zureichend, ihn einfach mit unseren Kategorien zu konfrontieren und zu prüfen, wie weit er mit diesen übereinstimmt, sondern man hat von vornherein davon auszugehen, daß Kracauer weder seiner theoretischen Haltung nach verbindlich zu uns gehört, noch seiner Arbeitsmethode nach als wissenschaftlicher Schriftsteller überhaupt rangiert [...].» Der rein rhetorische Charakter der daran anschließenden Frage, ob die Arbeit unter solchen Voraussetzungen dennoch etwas biete, «was wir, seis publizistisch, seis für die eigene Theoriebildung, verwerten können», wird allenfalls noch von der Chuzpe übertroffen, mit der Adorno sie als politisch allzu belastet einstufte, weshalb sie denn allenfalls in einer von ihm bearbeiteten Form veröffentlicht werden könne.[255]

Und diese Arbeit hat er dann so gründlich geleistet, dass Kracauer seinen eigenen Text nicht mehr wiedererkannte. Die meisten Sätze seiner Abhandlung, so schrieb er seinem Korrektor empört, seien *bis zur Unkenntlichkeit zerrupft, ausgeweidet, verändert,* und eine derartige Bearbeitung laufe nicht nur jedem *legitimen Usus* zuwider, sondern sei ihm in seiner *ganzen literarischen Laufbahn* weder *zu Gesicht gekommen* noch selbst je widerfahren. Adorno habe, so fasst er sein Urteil zusammen, das *Manuskript nicht redigiert, sondern es als Unterlage für eine eigene Arbeit benutzt.* Nur konsequent war es daher, dass er die Druckerlaubnis für seine Arbeit zurückzog – zumal er, was ihm am schlimmsten dünkte, durch die Bearbeitung seine Intentionen verfälscht und seine Vorgehensweise völlig verschleiert sah: *Ich habe mich mit unendlicher Vorsicht um die sorgfältige Ablösung des Konstruktiven vom Gegebenen bemüht, und zu diesem Zweck eine bestimmte mittlere Distanz zum Geschehen gewahrt [...].* Erst dadurch sei es ihm möglich geworden, *die Herkunft des Fascismus verständlich zu machen, seine komplexe Beziehung zum Kapitalismus darzustellen und die Entwicklung der totalitären Propaganda auszukonstruieren. Diese Einsichten* aber, so heißt es in seinem Brief vom 20. August 1938 weiter, seien in der bearbeiteten

Fassung fast gänzlich verschwunden. *Der Fascismus* trete dort *als eine fertige Sache auf, die hundertprozentig ein- und zugeordnet werden könne*. Adorno identifiziere den Faschismus *von vornherein mit der Gegenrevolution*, stelle *seine Interessen in diametralen Gegensatz zu denen der Majorität und* schiebe damit *die Zweideutigkeit seiner Beziehung zum Kapitalismus beiseite*. Durch unzulässige, nicht prinzipiell falsche, wohl aber allzu summarische *Abbreviaturen* komme gerade jene (Argumentations-)*Schicht* zum Verschwinden, auf der *Erkenntnisse* gewonnen würden, die *den vielsagenden Phänomenen abgerungen* seien. Und dem entspreche das neue *Arrangement der Motive*, das nicht mehr den *Erfordernissen und [...] Schwierigkeiten des Stoffs* Rechnung trage, sondern den *Gegenstand wie eine kategorial bereits vollkommen subsumierte Affäre* behandle, *die man ohne viel Rücksicht auf die vorgegebene Gestalt des Stoffs beliebig aufziehen kann*. Damit aber seien *entscheidende Züge und Inhalte* der Arbeit verloren gegangen. Dem entsprächen zu guter Letzt Formulierungen, die nicht nur der ganzen Haltung der Arbeit zuwiderliefen, sondern darüber hinaus auch nicht dem Wortschatz des Verfassers entsprängen, wozu er u. a. Wendungen wie «... *die Propaganda als Blume im Knopfloch* ...», «*Die Bierseligkeit freiwilliger Sängerfeste* ...», «... *der sonnenbadende Direktor mit dem chauffierenden Angestellten* ...» rechnete.[256]

Solange das vollständige Typoskript Kracauers verschollen bleibt, ist die Stichhaltigkeit dieser Einwände und Vorwürfe schwerlich zu überprüfen. Gleichwohl drängt sich beim Studium aller bislang vorliegenden Dokumente vor allem ein Eindruck auf: dass sich Adorno nur deshalb so nachhaltig für Kracauers Mitarbeit einsetzte, um ihn anschließend umso genüsslicher demontieren zu können. Das geht insbesondere aus seinen Briefen an den Institutsdirektor Horkheimer hervor, die bisweilen schon den Tatbestand übler Nachrede erfüllen. Da ist beständig vom «hoffnungslos schwierige[n] Fall» Kracauer die Rede, von einem Menschen, den man «entmündigen» müsse, von einem «geistig fügsam[en], nur allzu fügsam[en]» Autor[257], von einem Narzissten, der seine «Aggressionen» mit Vorliebe an seinem engsten Freunde (Adorno) auslasse und überhaupt in seinen Mitmenschen vornehmlich negative «Affekt[e]» provoziere[258], ein eitler und von kruden «Prestige-Instinkten»[259] geleiteter Publizist, einer, der darüber hinaus an

«Verfolgungsphantasien»[260] leide, die fast pathologische Formen angenommen hätten, ein Neurotiker, «verrückt»[261], unsolidarisch, nur «Widerstand auf Widerstand»[262] Leistender und längst «intellektuell […] ruiniert»[263].

Wollte man nun ein Resümee aus der durchaus verwickelten Geschichte von Kracauers Beziehung zum «Institut für Sozialforschung» ziehen, so würde man vermutlich dazu neigen, das Scheitern einer engeren und gedeihlichen Zusammenarbeit weniger irgendwelchen unüberwindlichen sachlichen oder politischen Differenzen zuzuschreiben als vielmehr diesen persönlichen Animositäten. Er selbst hat es wenigstens zeitweise so gesehen, wie aus einer ausführlichen Beschreibung seines Verhältnisses zum Institut hervorgeht, die sich in einem bislang unveröffentlichten Brief an Richard Krautheimer vom 15. Mai 1936 findet.[264] Davon unberührt bleibt freilich die Tatsache, dass es durchaus gewisse Nähen in grundlegenden Anschauungen gab. Inka Mülder-Bach hat dies in ihrer Epoche machenden Untersuchung zum Frühwerk Kracauers mit der Bemerkung angedeutet, dass sich, abgesehen von einigen Differenzen im Detail sowie unterschiedlicher geschichtsphilosophischer Überzeugungen, ein kaum gebrochener Bogen vom Essay über *Das Ornament*

Fast schien es uns, als ahnten Sie, dass unsere Beziehung zu Horkheimer und damit zu dem Institut von besonderer Art ist: […]. Es hat in der Tat die triftigsten Gründe, dass dieses Institut das einzige ist, […] das […] uns in all der Zeit scheinbar nahe gelegen hätte […]: Wir wissen schon deshalb über die Geldquellen und das Tun und Lassen des Instituts genau Bescheid, da Lili […] sechs Jahre in Frankfurt als Bibliothekarin dort angestellt war. Auch die heutigen Verhältnisse im Institut sind uns sehr bekannt. Die Entwicklung ist die, dass Horkheimer und Pollock es verstanden haben, sich als lebenslängliche Direktoren des mit dem Geld des Hermann Weil gestifteten Instituts zu etablieren und nun die Tage nach ihrem Sinn verbringen. Das heisst, sie treten nicht mehr für den kämpfenden Marxismus ein, dem ursprünglich das Institut dienen sollte, sondern lenken das Goldschiff behutsam an allen derartigen bedrohlichen Klippen vorbei. Aber das hätte mich natürlich nicht gehindert, mit dem Institut zusammenzuarbeiten. Was mich dagegen hindert, ist dies: dass mir, seitdem ich nicht mehr an der «F.Z», sondern nur ein Emigrant bin, von den Leuten des Instituts eine große Animosität entgegengebracht wird. Diese Animosität hat selbstverständlich ihre Wurzeln in der vorhitlerischen Zeit. […] Nach dem hier Dargestellten sehen Sie also, dass das Institut die einzige Stelle in der ganzen Welt ist, mit der wir nichts zu tun haben können und wollen.

Siegfried Kracauer an Richard Krautheimer, 15. 5. 1936

117

*der Masse* bis hin zur Adorno-Horkheimer'schen «Dialektik der Aufklärung» schlagen lasse.[265] Und der Historiker der «Kritischen Theorie», Rolf Wiggershaus, führt eine Reihe guter Argumente dafür ins Feld, «daß Kracauer zum Institut bzw. seiner Zeitschrift gehörte – genauso wie Benjamin […] –, daß für Kracauer aber kein Platz war, weil Adorno Kracauers methodologische Radikalität zu plebejisch war und Horkheimer Kracauers Originalität nicht begriff»[266]. Und hatte nicht Adorno selbst einst Kracauer geschrieben, dass er von ihnen «allen» am frühesten «die Probleme der Aufklärung neu in Angriff genommen» habe?[267]

Ihre Worte […] haben in uns Erinnerungen an jene Freunde ausgeloest die nun laengst dahin sind, aber so lange sie lebten mit uns verbunden waren in den schweren Jahren der Pariser Emigration. Da war Joseph Roth. Gerade in seiner letzten Zeit fuehlten wir uns ihm sehr verbunden, und wir sehen ihn noch vor uns, auf dem Champ-Elysees, auf dem Montparnasse und in den Cafes, trinkend, trinkend, der Koerper zerstoert und der Geist wacher denn je: ein fahrender Ritter, der es nicht ertragen kann, dass Unrecht ueber Recht und Gewalt ueber Zaertlichkeit siegt. Da war Walter Benjamin. In Marseille, am Ende unserer Emigration, waren wir noch viel mit ihm zusammen. Er glaubte seine Welt vernichtet und panische Aengste erstickten die Hoffnung in ihm […]. Kurz nach ihm versuchten auch wir […] ueber die Spanische Grenze zu gehen, wurden zurueckgeschickt und landeten in Perpignan wo wir erfuhren, dass er, der ebenfalls abgewiesen worden war, sich daraufhin das Leben genommen hatte.
Wir selber waren in Perpignan nahe daran, dasselbe zu tun; jedenfalls ich.
Siegfried Kracauer an Ella und Friedrich T. Gubler, 27. 7. 1947

In luzider Einschätzung der tatsächlichen Bedrohung Europas durch die Nationalsozialisten bemühte sich Kracauer frühzeitig um eine Übersiedlung in die Vereinigten Staaten. So äußerte er bereits im November 1936 Ferdinand Bruckner (d. i. Theodor Tagger) gegenüber, dass er – *je früher, desto besser* – nach *Amerika* wolle.[268] Und in den Folgejahren wendete er alle Energien auf, um sein Vorhaben in die Tat umzusetzen. So knüpfte er systematisch Kontakte nach Übersee an, eroberte sich die Sprache einer Welt, zu der er bis dahin keine tiefere Beziehung hatte, und bemühte sich, die fast unüberwindlichen bürokratischen Schranken (Pass-, Visa- und andere administrative Angelegenheiten) zu überwinden. Leider war Hitler schneller. Der Zweite Weltkrieg brach aus, als Kracauer sich noch in Paris befand. Wie so viele seiner emigrierten Lebens- und Leidensgenossen wurde er in Frankreich interniert, kam dann auf Intervention von Freunden relativ früh wieder frei, blieb beim Einmarsch der Nazis 1940 zwar von einer zweiten Internierung verschont, nicht aber davor, ins unbesetzte Vichy-Frankreich fliehen zu müssen. Das nervenaufreibende Warten in der «Mausefalle Marseille» trieb ihn an den Rand des Selbstmords.[269] Mit Hilfe des von Varian Fry begründeten «Emergency Rescue Committee» gelang es ihm schließlich 1941, Frankreich illegal zu verlassen und zusammen mit seiner Ehefrau das rettende Lissabon zu erreichen, wo er sich im April nach den Vereinigten Staaten einschiffte.

# Im Niemandsland
## der Exterritorialität

### Amerika: 1941–1966

Völlig mittellos und damit gezwungen, sich ein weiteres Mal eine neue Existenz aufzubauen, trafen Elisabeth und Siegfried Kracauer am 25. April 1941 in New York ein. Im Gepäck führten sie jedoch umfangreiche handschriftliche Aufzeichnungen mit, aus denen schließlich zwei Bücher entstehen sollten: eine Geschichte des deutschen Films *Von Caligari zu Hitler* und eine *Theorie des Films*. Noch in Frankreich, Anfang 1938, war Kracauer mit dem Amsterdamer Verlag von Allert de Lange vertraglich über *ein Standardwerk* zum Film *in ästhetischer, historischer und soziologischer Hinsicht*[270] übereingekommen. Dabei schwebte ihm eine kulturgeschichtliche Abhandlung vor, deren besonderer Akzent auf den *sozialen Funktionen des Films* liegen sollte.[271] Dieser ursprünglichen Konzeption entspricht vor allem das erste seiner zwei großen Filmbücher, das, englisch geschrieben, 1947 von der Princeton University Press unter dem Titel *From Caligari to Hitler. A Psychological History of the German Film* herausgebracht wurde.

Das Werk stellt zunächst einmal nur die konsequente Fortsetzung vorausgegangener Arbeiten dar. Nach der Gesellschaftsbiographie des 19. Jahrhunderts (dem *Offenbach*) folgte mit dem *Caligari* die des 20. und insbesondere der Weimarer Republik. Das Werk, *eine Art Biographie* seiner *Generation*[272], bildet letztlich den Abschluss seiner zahlreichen, das Thema nur vom Gegenstand her variierenden Darstellungen deutscher Befindlichkeit. Seiner Substanz nach handelt es sich um eine Mentalitätsgeschichte der Deutschen in einem bestimmten historischen Moment. Solche Mentalitäten – oder wie Kracauer sie auch nennt: *tiefenpsychologische Dispositionen*[273] – spiegeln sich, dies der Grundgedanke des Buchs, im Medium des Films in ungleich direkterer Weise, *unvermittelter*, und das vor allem aus zwei Gründen. Zum einen sind *Filme niemals das Produkt eines Individuums*, sondern vielmehr eines Kollektivs, weshalb denn auch ihre Herstellung eher der industriellen Fertigung vergleichbar ist: Die für die Dreharbeiten charakteristische *Teamarbeit* schließt Kracauer zufolge eine *willkürliche Handhabung des Filmmaterials* weitgehend aus. Zum Zweiten kann es sich die Filmindustrie aufgrund hoher Investitionen nicht leisten, Wünsche und Erwartungen des Publikums völlig zu ignorieren. Auf lange Sicht befriedige daher das kommerzielle Kino stets *herrschende Massenbedürfnisse*[274], weshalb der Film nachgerade dazu prädestiniert sei, in methodisch sauberer und umfassender Analyse Gesellschaftliches zu enthüllen.

Was Kracauer, der historisch-chronologischen Entwicklung des Films von seinen Anfängen (1895–1918) über Nachkriegszeit (1918–1924) und Stabilitätsphase (1924–1929) bis hin zur präfaschistischen Epoche (1930–1933) folgend, herausarbeitet, das sind in erster Linie die Manifestationen einer tief wurzelnden politischen, kulturellen und sozialen Ambivalenz im

FROM CALIGARI TO HITLER

A PSYCHOLOGICAL HISTORY

OF THE GERMAN FILM

By SIEGFRIED KRACAUER

PRINCETON UNIVERSITY PRESS · 1947

Umschlag der amerikanischen Originalausgabe des «Caligari», 1947

Denken und Handeln «der» Deutschen: das Makabre, Zwielichtige und Morbide der *deutsche[n] Seele*[275]. Dabei geht er nicht von der Voraussetzung eines ewig unveränderten und unveränderlichen – quasimystischen – Nationalcharakters aus. Vielmehr beschreibt er *ausschließlich* solche *Kollektivdispositionen und Tendenzen,* die in einem bestimmten Stadium der Entwicklung – im vorliegenden Fall: den Jahren etwa vom Jahrhundertbeginn bis zu Hitler – in der Bevölkerung beziehungsweise (dieser Terminus war ihm offenbar noch nicht kompromittiert) in der *Nation* auszumachen sind.[276]

Die den *Caligari* wie ein roter Faden durchziehende Fragestellung lässt deutlich erkennen, in welcher Absicht hier die Geschichte des deutschen Films aufgearbeitet wird. Es geht Kracauer

**121**

nicht um eine isolierte Betrachtung des Mediums an sich. Vielmehr zielt seine Untersuchung auf eine besonders geartete Kenntnis und Erkenntnis jüngster Geschichte. Hinter *der offen darliegenden* ökonomischen, sozialen und politischen *Geschichte* steht seiner Meinung nach *eine geheime,* die an den *inneren Dispositionen des deutschen Volkes* ablesbar sei. Und deshalb könne die *Aufdeckung dieser Dispositionen im Medium des deutschen Films* möglicherweise zu einer Vertiefung unseres Verständnisses von *Hitlers Aufstieg und Machtergreifung* beitragen.[277]

Das Fazit einer Analyse Hunderter von Filmen nach allen nur erdenklichen – historischen, soziologischen, ökonomischen und kulturgeschichtlichen – Richtungen besteht schließlich darin, die Deutung vom politischen Aufstieg der Nationalsozialisten um eine weitere Variante zu ergänzen: Nicht allein okkulte ökonomische Interessen oder soziales Elend hätten zu Hitler geführt. Vielmehr sei er gewissermaßen auch Vollstrecker einer Bereitwilligkeit gewesen, die im Tiefsten deutscher Seelen darauf wartete, geweckt zu werden: *Rettungslos der Regression verfallen,* habe sich ihm *die Mehrheit des deutschen Volkes* beinahe zwangsläufig *ergeben,* und damit vollzog sich in diesem Land, was seine Bewohner im *Film von Anfang an* vorgeträumt hätten. Die *Leinwandgestalten* nahmen *tatsächlich Leben an. Als personifizierte Tagträume, die Köpfen entsprangen, denen Freiheit ein tödlicher Schock und Jungsein ständige Versuchung bedeutete, füllten diese Figuren die Arena im Deutschland der Nazis. Der leibhaftige Homunculus ging um. Selbsternannte Caligaris hypnotisierten zahllosen Cesares Mordbefehle ein. Rasende Mabuses begingen wahnsinnige Verbrechen und gingen straffrei aus, und irre Iwans erdachten unerhörte Folterungen. Viele von der Leinwand her bekannte Motive wurden in dieser unheiligen Prozession zu lebendigen Ereignissen. In Nürnberg erschien das Ornament der Masse aus den «Nibelungen» in gigantischen Ausmaßen: ein Meer von Flaggen und Menschen, die kunstvoll ausgerichtet waren. Seelen wurden durch und durch manipuliert, wie um den Eindruck zu schaffen, das Herz vermittle zwischen Hirn und Hand. Tag und Nacht zogen Millionen in Stadt und Land über die Straßen. Unaufhörlich erklang das Schmettern der Militärfanfaren, und den Spießern in Plüsch und guter Stube schwoll die Brust. Schlachten dröhnten, und ein Sieg jagte den anderen. Alles war so wie im Film. Und die dunklen Vorahnungen von einer Götterdämmerung sollten sich erfüllen.*[278]

Das alles klingt zunächst ein wenig wie eine nachdatierte Prophetie. In der Tat hat man Kracauer genau dies mit dem Hinweis darauf vorgeworfen, sein Werk sei schließlich erst zwei Jahre nach Kriegsende erschienen: Der Zusammenhang zwischen einer aus Filmen extrapolierten Mentalität und der realen Geschichte sei aus der bequemen Sicht dessen konstruiert, der ihren Ausgang kannte. Wie abwegig jedoch dieser Einwand war, ist Kracauers zahlreichen Filmkritiken der Jahre 1924 bis 1939 zu entnehmen, die bereits alle Zuspitzungen des *Caligari* enthalten. Vermutlich aus diesem Grunde wurde späteren Editionen des Werkes eine umfangreiche Auswahl dieser Rezensionen beigegeben, so auch der ersten vollständigen deutschen Version von 1979.

Dass der *Caligari* keineswegs nur Zustimmung bei der Kritik erntete, liegt angesichts seines Resümees auf der Hand. Zwar lobte man mehr oder minder einhellig die Originalität der Fragestellung, den Fleiß des Autors und den Datenreichtum seiner Darstellung sowie die erzählerischen Qualitäten Kracauers – seine rabiaten Schlussfolgerungen aber stießen auf ebenso vielfache wie heftige Ablehnung. Dass solche Stimmen auch innerhalb der deutschen Emigration laut wurden, mag man mit einiger Verwunderung registrieren. Weit weniger hingegen erstaunen die – im Übrigen seltenen – Reaktionen aus dem Land der gewissermaßen Betroffenen. In Deutschland war «man» – und in dieser Generalisierung sind die «inneren Emigranten» mit einbegriffen – mit der nationalsozialistischen Vergangenheit noch längst nicht ins Reine gekommen. Die harmlosesten Kritiken beschränkten sich dabei noch auf die Übernahme einiger gängiger Vorurteile. So meinte etwa Ulrich Seelmann-

> Es ist ein wunderbar beruhigendes Gefühl […], zu wissen dass Sie […] sich zum Buch hingezogen fühlen. […] Wie sehr ich es verstehe, dass Sie das Rencontre von objektiven Analysen und persönlichen Erinnerungen merkwürdig berührt. Ich selber war hin und her gezerrt zwischen Fremdheit und Nähe, wunderte mich manchmal, dass ich etwas von aussen beobachtetes so gut von innen kannte – wie wenn man heute deutsch sprechen hört und zugleich hinter und vor der Sprachwand ist –, und war glücklich wenn sich bei Gelegenheit mein damaliges Urteil und meine heutige Erkenntnis als eins erwiesen. Im Schreiben kam ich mir wie ein Arzt vor, der eine Autopsie vornimmt und dabei ein Stück eigener, jetzt endgültig toter Vergangenheit seziert.
>
> **Siegfried Kracauer an Erwin Panofsky, 2. 5. 1947**

Eggebrecht, Kracauer habe «in der Fremde» einfach «den Blick» für «die deutsche Wirklichkeit verloren». Aus «politischem Eifer» wie «berechtigtem Ressentiment» habe er «Einzelfälle verallgemeinert», und seine Schlussfolgerungen seien angesichts eines in Wahrheit weit facettenreicheren deutschen Films dann doch allzu plakativ und simplifizierend ausgefallen.[279] Diese Art, einem Exilautor aufgrund seiner ja keineswegs freiwilligen geographischen Distanz die Kompetenz abzusprechen, hatte bereits unmittelbar nach Hitlers Machtergreifung Hochkonjunktur. Wenn man nach 1945 erneut auf dieses – milde gesagt – Vorurteil zurückgriff, bewies das nicht allein, dass man die ernsthafte Auseinandersetzung mit Kracauers brisanten Thesen scheute (um damit ungewollt die Darlegungen des Buches weitgehend zu bestätigen), sondern auch, wie wenig die ganze Atmosphäre in diesem Land dazu angetan war, Autoren wie ihn wieder einzubürgern.

Adorno hat dieses Versäumnis, Kracauer nach Hitlers Sturz in sein Geburtsland zurückgeholt zu haben, «wo» er «unendlich viel Gutes hätte wirken können»[280], wiederholt bedauert. Zweifellos wäre eine solche Aktion – Adorno stellte sich den Freund «an maßgeblicher Stelle, etwa als Kulturpolitiker einer großen Zeitung»[281] vor – nur die geringste Form der Wiedergutmachung gewesen, die man dem Vertriebenen hätte widerfahren lassen können. Dass der Betroffene freilich ein solches Angebot ernsthaft in Erwägung gezogen hätte, darf bezweifelt werden, und das aus Gründen, die – wenigstens zum Teil – zur Nachgeschichte des *Caligari* gehören. Alle uns überlieferten schriftlichen Quellen belegen vor allem eines: Kracauer hatte im Gegensatz zu Adorno, der zu den wenigen zurückgerufenen Emigranten gehörte, bereits frühzeitig (und endgültig) mit Deutschland und den Deutschen abgeschlossen. Dieser Bruch ist auch werkgeschichtlich deutlich auszumachen: Der *Caligari* stellt die letzte Publikation zu einem spezifisch deutschen Thema dar. Was folgte, waren neben zahllosen Fingerübungen zur 1960 erschienenen *Theory of Film* und vereinzelten Buch- wie Filmrezensionen vor allem methodologische Arbeiten und solche, die um Probleme allgemeiner politischer Verhaltensweisen und um Propaganda kreisen.

Die frühesten persönlichen Erfahrungen Kracauers mit Nachkriegsdeutschland datieren erst aus der zweiten Hälfte der fünfziger Jahre. Das hing damit zusammen, dass er sich im ersten Jahrzehnt seines amerikanischen Exils mehr schlecht als recht durchgeschlagen hatte: mit Stipendien, Gelegenheitsarbeiten für den Rundfunk (1950–52 für die «Voice of America»), Reports für nationale und internationale Organisationen (UNESCO), als Berater verschiedener Stiftungen (Bollington Foundation) sowie Film- und Literaturkritiker (u. a. für so renommierte Publikationsorgane wie «New Republic», «Commentary», «New York Times Book Review» und «Saturday Review of Literature»). Erst mit seiner Ernennung zum Research Director im «Bureau of Applied Social Research» der Columbia University, 1952, besserte sich seine ökonomische Lage und damit seine gesellschaftliche Stellung merklich. Die Konsolidierung seiner beruflichen

> [...] ich fuehlte mich noch auf lange Zeit hinaus gelaehmt, wann immer es galt, liebe Verbindungen wieder aufzunehmen, die unvermeidlicherweise Wunden der Vergangenheit aufrissen. Meine alte Mutter und Tante wurden frueh im Krieg von Frankfurt nach Theresienstadt deportiert. 1945 erfuhren wir, dass sie von dort nach Polen verschleppt worden seien. Das ist alles was wir wissen, und es genuegt fuer unser ganzes Leben.
> Siegfried Kracauer an
> Bernhard Guttmann, 8. 8. 1949

Situation erlaubte es ihm schließlich, ab 1956 alle zwei Jahre Europa zu bereisen. Die Eindrücke, die er dabei vor allem in Deutschland sammelte, bestärkten ihn in seiner Haltung, keine weiteren Gedanken an eine eventuelle Rückkehr in sein Geburtsland zu verschwenden. So reichte, um hier nur ein Beispiel zu nennen, bereits ein dreitägiger Aufenthalt im Jahr 1958 hin, um ihn fatal an zeitlich weit zurückliegende Zustände zu erinnern, an denen sich substanziell jedoch nichts geändert zu haben schien: *Der Hausknecht in Hamburg war sicher ein devoter SA-Mann gewesen. Aber besser, man fragt [...] nicht. [...] Der Grund, warum es uns davor schauderte, dort sein zu muessen, ist ein andrer: Die Tatsache, dass es in Deutschland nie eine Gesellschaft gab, zeigt sich erschreckend. Die Leute sind alle voellig formlos und unkanalisiert, sie haben kein Aussen (und ein ungeordnetes Innen). Es ist alles da, aber nichts am Platz. Daher das unechte, gekuenstelte Benehmen, die stilted language, die komplette Unsicherheit. Die Leute sind not so much human beings. Kurzum, ich traue ihnen nicht. Und was herauskaeme im Falle einer oekonomischen oder politischen Krise, wage ich mir gar nicht auszudenken.*[282] Und wenn es

**125**

darüber hinaus noch eines weiteren Elements bedurft hätte, sein
Misstrauen zu schüren, so lieferte es ihm das Schicksal seiner
Schriften im Deutschland der fünfziger Jahre, und insbesondere das
seines *Caligari*.

Knapp ein Jahrzehnt nach Kriegsschluss begannen deutsche
Verleger, wieder Interesse an seinen Werken zu bekunden, und
zwar nicht nur an der Übersetzung seiner großen historischen
Filmsoziologie, sondern ebenso (und zunächst) an einer Neuausgabe des *Offenbach* (dessen Erstausgabe seinerzeit noch erhältlich
war), dann des *Ginster*, der *Angestellten* sowie einer Anthologie seiner Essays aus der «Frankfurter Zeitung». Die aussichtsreichsten
Verhandlungen führte Kracauer dabei mit dem Rowohlt Verlag –

bei denen freilich, selbst nach Jahren, kaum mehr herauskam als halbherzige Absichtserklärungen, vollmundige Versprechungen und unerfüllte Vereinbarungen. Das einzig handfeste Resultat einer für Kracauer insgesamt unerfreulichen Beziehung bestand in der Veröffentlichung einer deutschen Fassung seines *Caligari* in der Reihe «rowohlts deutsche enzyklopädie». Aber in welcher Form! Aus einer *Psychologischen Ge-*

*schichte des deutschen Films* war ein simpler *Beitrag* zu dessen Historie geworden, und die amerikanische Originalversion von über 360 Seiten schrumpfte auf beinahe die Hälfte zusammen. Allein «aus Gründen der Raumbeschränkung» seien Kürzungen vorgenommen worden, so das Vorwort der Ausgabe, die sich zwar bis hinein in die Partien «zur schärferen Herausarbeitung» der «Methode und Folgerungen» erstreckten, im Ganzen besehen jedoch «das Verständnis für das Anliegen des Buches nicht» beeinträchtigten.[283] Es blieb einem Filmforscher aus der damaligen DDR vorbehalten, den Skandal dieser Ausgabe aufzudecken, das beschönigende Verlagsvorwort Lügen zu strafen und das ganze Unternehmen als einen Akt politischer Zensur zu bezeichnen. «Historie und […] Soziologie», so heißt es in einem «Der entschärfte Kracauer» überschriebenen Artikel Werner W. Wallroths, seien mehrfach und teils so gründlich «entfernt worden», dass «nur die Völkerpsychologie» übrig geblieben sei, womit man das Buch schlichtweg entpolitisiert habe.[284] Das war im Übrigen, wie aus dem unveröffentlichten Briefwechsel Kracauers mit Heinrich Maria Ledig-Rowohlt hervorgeht, die erklärte Absicht des Verlags. Und wie gründlich wer auch immer dabei schließlich verfuhr, zeigt die sprachliche Bearbeitung des Originals, die «Übertragung» zu nennen ein purer Euphemismus für die zahllosen Entstellungen der deutschen Version ist: «Wo immer z. B. Kracauer von

‹Nazis›» spreche, heißt es bei Wallroth, seien «daraus, Ehre wem Ehre gebührt, ‹Nationalsozialisten›» geworden, der «‹Aufstand gegen die Herrenklasse›, endend mit der ‹Klassenversöhnung› (in Metropolis)», sei zu einem «‹Aufstand gegen die Oberwelt› und einer ‹Versöhnung von Unten und Oben›» geronnen, und den «‹preußische[n] Konservative[n] und Reaktionär›» Alfred Hugenberg habe der Bearbeiter in einen harmlosen «‹Führer der Deutschnationalen Partei›» zurückverwandelt.[285] Man hat viel Energie auf Mutmaßungen darüber verwendet, <u>wer</u> die treibende Kraft in dieser Angelegenheit war. Wolfgang Weyrauch, ehemaliger Rowohlt-Lektor, meinte, ein Mann mit Nazivergangenheit habe dahinter gesteckt.[286] Doch im Grund genommen – auch Ledig-Rowohlts Briefe an Kracauer belegen dies – bedurfte es solch kompromittierender Präsenz gar nicht. Denn Einstellung der Deutschen und allgemeine politische Lage des Landes im Zeichen von Kaltem Krieg und Adenauer-Restauration sträubten sich ohnehin gegen eine – und sei es nur geistige – Wiedereinbürgerung Kracauers.

Inzwischen [...] hat sich meine Einstellung zu diesem Verlagsvorhaben [...] ins Negative gewandelt [...]. [Ich] habe [...] von verschiedenen gut informierten, uns nahestehenden Lesern des Buches, die mit seiner Thematik an sich nach unserer Auffassung aufs Beste vertraut scheinen, Warnungen entgegennehmen müssen, eine Neuausgabe dieses Werkes in Deutschland zu veranstalten. Es wurde in diesem Zusammenhang bemerkt, dass das Buch zwar in vielem eine kompetente Darstellung einer Periode der deutschen Filmgeschichte sei, andererseits jedoch in seiner Haupthese, nämlich der Psychologie unter politischem Aspekt, recht einseitig und stark anfechtbar erscheine. Nun, [...] [Sie] werden [...] sich erinnern, dass ich bereits bei unseren Gesprächen anregte, allenfalls, besonders im Hinblick auf eine Veröffentlichung in unserer Taschenbuchencyklopädie, den Titel etwas zu entpolitisieren. Wenn ich mich recht entsinne, hatte ich auch gemeinsam mit Ihnen erörtert, den unter politischen Gesichtspunkten stehenden Anhang des Buches fortfallen zu lassen.

Heinrich Maria Ledig-Rowohlt
an Kracauer, 14. 11. 1956

[...] waere es nicht heilsam, wenn mein Buch das deutsche Publikum ein wenig zur Selbstkritik erziehen wuerde – eine Tugend an der es in Deutschland zu seinem eigenen Schaden immer noch fehlt?

Siegfried Kracauer
an Ledig-Rowohlt, 24. 11. 1956

In den Jahren nach der Publikation des *Caligari* hat Kracauer eine ganze Reihe von Studien in die Öffentlichkeit entlassen, die – mehrheitlich in der von Guido Aristarco redigierten Zeitschrift «Cinema nuovo» erschienen – sich wie teils schon weit fortgeschrittene Fingerübungen zur *Theory of Film* von 1960 ausnehmen. Die Vollendung seines 1938 projektierten Standardwerks über Geschichte, Soziologie und Ästhetik des Films hat er also nie aus den Augen verloren. Die lange Entstehungsgeschichte spiegelt dabei einerseits etwas von der Abenteuerlichkeit, die sein Leben in diesen Jahren zwischen Exilexistenz, mehrfacher Flucht und Neuetablierung in Amerika besaß; auf der anderen Seite ist sie zugleich Indiz dafür, dass ihm die Behandlung gerade des dritten und letzten Aspekts, der Ästhetik, die größten Schwierigkeiten bereitete.

Den eigentlichen Gegenstand des *Caligari* bildet die Analyse des ideologischen Gehalts filmischer Werke. In der *Theory of Film* hingegen werden Fragen nach *den Grundeigentümlichkeiten des Films*[287] schlechthin in umfassender und systematischer Weise aufgeworfen. Dazu gehören zunächst Betrachtungen zur Geschichte des fotografischen Mediums und zu seinen allgemeinen Merkmalen: Grundbegriffe und Eigenschaften, realistische und Form gebende Tendenzen, das Verhältnis des Films zur traditionellen Kunst, Wiedergabe beziehungsweise Darstellung physischer Realität, die zugleich registrierende wie enthüllende Funktion des Films, seine Affinitäten zur ungestellten Realität, zum Zufälligen, zur Endlosigkeit, zum Unbestimmbaren und zum «Fluss des Lebens». Darüber hinaus ist Kracauers Untersuchung einzelnen Bereichen und Elementen des Films gewidmet, die er unter Themen wie *Geschichte und Fantasie, Bemerkungen über den Schauspieler, Sprache und Ton, Musik* und *Der Zuschauer* abhandelt. Eingehende Analysen filmischer Komposition führen Kracauer dann einerseits auf das Feld des Experimental- und Dokumentarfilms, andererseits in die Welt der Filmstory: in deren Zusammenhang er sich u. a. auch ausführlich über das Verhältnis von Film und Roman äußert. Den Abschluss des gesamten Werks bilden schließlich allgemeine Darlegungen zum *Film in unserer Zeit*, die sich um eine Antwort auf die Frage bemühen, *welchen Wert [...] die Erfahrung* besitze, *die der Film vermittelt.*[288] Schon diese kursorische Zusammenfassung lässt erkennen, dass die *Theory of Film* im Grund genommen zwei – im Übrigen sehr unterschiedlichen – Themenkomplexen gewidmet ist: einerseits ästhetischen Problemen im engeren Sinn, in deren Zusammenhang Kracauer dem Wesen oder wie es bei ihm heißt *der besonderen Natur* des Films bzw. der *eigentümliche[n] Beschaffenheit des Mediums* nachspürt[289]; andererseits philosophischen Erörterungen, deren Fluchtpunkt die Frage bildet, welche kulturelle Funktion der Film in unserer Zeit erfüllt oder wenigstens doch zu erfüllen imstande wäre.

Nicht zuletzt aus dieser doppelten Perspektive seiner Untersuchung leitet Kracauer den Anspruch ab, eine *materiale Ästhetik* vorgelegt zu haben, das heißt ein Werk, dessen Aufmerksamkeit nicht allein den rein formalen Aspekten des Films gilt – so unerlässlich sie sein mögen, sie konstituieren stets «nur eine Teilanalyse» des Phänomens[290] –, sondern sich auch und sogar vorrangig *mit Inhalten* beschäftigt. Sein Buch, so heißt es im Vorwort, beruhe *auf der Annahme, daß der Film [...] eine ausgesprochene Affinität zur sichtbaren Welt um uns her* besitze. *Filme* seien *sich selber* nur *treu, wenn sie physische Realität wiedergeben und enthüllen.* Das Medium habe mithin eine besondere Beziehung zur Wirklichkeit und sei von daher geradezu prädestiniert, deren verborgene Beziehungen und Aspekte aufzudecken: Wir würden viele Realitätspartikel und -phänomene *kaum wahrnehmen,* besäße *die Filmkamera nicht die Fähigkeit [...], sie sozusagen im Flug zu erfassen.* Ja, das Kino sei förmlich *vom Wunsch beseelt, vorübergleitendes materielles Leben festzuhalten, Leben in seiner vergänglichsten Form. Straßenmengen, unbeabsichtigte Gebärden und andere flüchtige Eindrücke sind seine Hauptnahrung.*[291] Dieser Gedanke einer privilegierten Beziehung des Films zur materiellen Wirklichkeit durchzieht das Buch in allen nur erdenklichen Variationen, um schließlich in die – programmatisch bereits im Untertitel zum Ausdruck kommende – These von der *Errettung der äußeren Wirklichkeit* durch das Medium einzumünden. Das Werk stellt also weit mehr als eine bloße Filmästhetik dar, denn seine Darstellung geht über das hinaus, was man gemeinhin mit dem Thema assoziiert. In Anbetracht einer Situation, zu deren Kennzeichen gehört, dass sich das *Wesentliche im Leben* einem Blick aus der Totalperspektive und somit dem Zugriff durch allumfassende Welterklärungsmodelle entzieht, begreift

Kracauer den Film als Chance, über die Einverleibung des *scheinbar Unwesentliche[n]* zurück zum *Kern des Seins*, der konkreten Wirklichkeit, zu gelangen.[292] Anders und in der Begrifflichkeit des Films ausgedrückt: Mit der Ersetzung der *alte[n] «long-shot» Perspektive, die in irgendeiner Weise das Absolute zu treffen meint, durch die «close-up» Perspektive* werde *das mit dem Vereinzelten, dem Fragment, vielleicht Gemeinte* angestrahlt.[293] In dieser Überzeugung begegnet man gewissermaßen einem «alten Bekannten» aus seiner Gedankenwelt. Ähnlich wie ihm einst die Signatur der Epoche an ornamentalen Figuren ablesbar wurde, zu denen sich die Darbietungen moderner Tanzrevues verdichteten, so gestattet ihm nunmehr der Film tiefe Einblicke in das Zeitalter, in das *er hineingeboren ist –* womit *das Kino [...] in die Perspektive von etwas Umfassenderem* rückt: in die *einer Verhaltensweise zur Welt, einer Form menschlicher Erkenntnis.*[294]

Die unbegrenzten Möglichkeiten der Wahrnehmung und Erfahrung materieller oder «konkreter» Wirklichkeit im Film verdanken sich, Kracauer zufolge, einer entscheidenden Besonderheit dieses Mediums: Im Unterschied zur traditionellen Kunst lasse der Film sein *Rohmaterial mehr oder weniger intakt*[295]. Im Gegensatz beispielsweise zur Skulptur, bei deren Herstellung der Künstler mit einer vorgefassten Idee an die Bearbeitung einer zunächst formlosen Materie herangeht, bis diese schließlich mehr oder minder vollendeter Ausdruck seiner vorgefassten artistischen Intentionen oder Visionen geworden (und damit aufgezehrt) ist, sind dem Kunstwollen von Filmregisseuren und -schauspielern zwar keine Grenzen gesetzt, doch lässt die Kamera ihr Material – Menschen, Landschaften, Gegenstände – weitgehend unbehelligt: Sie stellt es lediglich *zur Schau. Ein Gesicht auf der Leinwand,* so illustriert Kracauer diesen Gedanken, könnten die Zuschauer – *ganz ungeachtet der Ereignisse, die seinen Ausdruck motivieren –* auch *als eine ungewöhnliche Manifestation von Furcht oder Glück in seinen Bannkreis ziehen.*[296] Indem der Film also *die Außenwelt exponiert,* gestaltet er *unser Verhältnis zu «dieser Erde, die unsere Wohnstätte ist»,* inniger.[297]

Vor diesem Hintergrund wird Kracauers ganze Verve verständlicher, mit der er – wort- und materialreich – einem seiner Meinung nach weit verbreiteten Vorurteil entgegentritt: Das Kino sei eine insgesamt kulturlose Veranstaltung, und Filme lenkten die

Menschen nur vom Wesentlichen beziehungsweise *vom Kern des Lebens*[298] ab. In seiner Kritik dieser Auffassung bezieht er sich explizit auf Paul Valéry, doch dessen Verdikt steht nur stellvertretend für alle Aburteilungen, die der Film seit seinen Anfängen durch Schriftsteller und Bildungspolitiker, Künstler und andere Intellektuelle erfahren hat. *Unhistorisch und oberflächlich, weil [...] der menschlichen Situation in unserer Zeit nicht gerecht* werdend[299], erscheint Kracauer eine Haltung, die im Grund nur das eine – negativ-ablehnende – Extrem der Reaktionen auf jenen Kulturbruch darstellt, der sich mit der Ablösung der traditionellen Ästhetik des 19. Jahrhunderts durch die Moderne vollzog und dessen Eintreten um 1900 ziemlich genau mit dem Aufkommen des neuen Mediums zusammenfällt. Nicht von ungefähr identifizierten Zeitgenossen das eine mit dem anderen. Das Kino wurde ihnen zum Inbegriff der Moderne und der mit ihr veränderten Art unserer Rezeption von – im weitesten Sinne – kulturellen Phänomenen oder eben Wirklichkeitsfragmenten: «Das Medium begleitete eine um die Jahrhundertwende allenthalben gespürte allgemeinere Umwälzung der urwüchsig statischen Wahrnehmungspraxis vorindustrieller Kultur. Die Reizfülle in den Straßen der jungen Großstädte, das unablässige Vorüberfluten greller Eindrücke, Tempo, Rationalität und Oberflächlichkeit der in der Stadt des neuen Jahrhunderts vorherrschenden Wahrnehmungsform – alles fokussierte im Kino.»[300] Darüber hinaus wirbelten Kino und Film überkommene Vorstellungen von Kunst und Kultur förmlich durcheinander. Dass der Film[301] seinen Warencharakter, man möchte beinahe sagen, ostentativ zur Schau stellte, war den Traditionalisten schon deshalb ein Stein des Anstoßes, als damit hehre Idealität durch krude Profitinteressen ersetzt wurde. Außerdem wandten sich die Produzenten nicht länger an eine kultivierte Minderheit, sondern vielmehr an ein Massenpublikum, an die großstädtischen Unterschichten, die Arbeiter und kleinen Angestellten, um deren Geschmack und Vorlieben Rechnung zu tragen (derbe Sinnlichkeit statt hoher Kunst). Und zu guter Letzt begünstigte das neue Medium sensualistische Weisen ästhetischer Wahrnehmung. Bei alldem handelt es sich um einen – irreversiblen – Umwälzungsprozess, der über kurz oder lang alle Kunst in seinen Bann zog. Der Film bezeichnet nur die avancierteste und reinste Stufe dieser Entwicklung, die zugleich alle idealistischen – Kracauer nennt sie *ideo-logischen* – Konzeptionen der Welt vom Kopf auf die Füße stellt. *Fil-me, die unseren Wunsch* nach Einschätzungen des *Sinn[s] [...] konkret erfahrene[r] Dinge [...] befriedigen*, können zwar, so lässt er seine Darle-gungen ausklingen, *sehr wohl in die Dimension* des Ideologischen *hineinreichen. Doch wenn sie dem Medium gemäß sind, werden sie nicht von einer vorgefaßten Idee zur materiellen Welt herabsteigen, um diese Idee zu erhärten; umgekehrt, sie beginnen damit, physische Begebenheiten auszukundschaften, und arbeiten sich dann in der von ihnen gewiesenen Richtung nach oben, zu irgendeinem Problem oder Glauben hin. Das Kino ist materialistisch gesinnt; es bewegt sich von «unten» nach «oben». Die Bedeutung seines natürlichen Hangs für eine Bewegung in dieser Rich-tung kann kaum überschätzt werden.*[302]

Hier kommt Kracauers Zuversicht zum Ausdruck, der Film breche einem der Zeit und ihrer Komplexität angemessenen, ma-terialistischen Denken die Bahn. Sie ist nicht unwidersprochen geblieben. So hielt etwa Rudolf Arnheim die Überzeugung, *der Ki-nobesucher* folge *den Bildern auf der Leinwand in einem traumartigen Zustand*, weshalb man *annehmen* dürfe, er nehme die *physische Rea-lität in ihrer Konkretheit* wahr[303], für einen «kühnen Trugschluss». Seiner Meinung nach bewirke die bloße Konfrontation «mit dem sichtbaren Äußeren der Welt» noch überhaupt nichts. Sie rufe, wie es in seiner durchaus konstruktiven Kritik der *Theorie des Films* heißt, «keine Ideen» – lies: Vorstellungen oder Bilder – «wach, wenn man sich dem Anblick nicht schon mit Ideen» nä-here, «die nur darauf» warteten, «aufgerüttelt zu werden».[304] Die-ser Einwand ist umso berechtigter, als die Art von Kracauers Dar-legungen die Annahme eines linear verlaufenden Prozesses *vom Körperlichen [...] zum Spirituellen*[305] nahe legen. Und diesen Mangel an Dialektik vermögen die immer neuen Definitionen und Um-schreibungen des gleichen Tatbestands allenfalls notdürftig zu überdecken. Dies ist vielleicht die wesentlichste Kritik, die man an einem Werk üben kann, von dem selbst Arnheim meinte, es sei «wahrscheinlich das intelligenteste Buch zum Thema Film, das je geschrieben worden ist»[306] – ein gutes Buch ganz im Sinn von Fe-derico Fellinis Definition eines guten Films: Ein solcher sollte stets «*Irrtümer in sich bergen wie das Leben, wie die Menschen*».[307]

In seinen letzten Lebensjahren wandte sich Kracauer einem Projekt zu, dessen Vollendung ihm leider nicht mehr vergönnt sein sollte: einem historischen Werk, das sich seiner Meinung nach fast zwangsläufig aus der intensiven Beschäftigung mit dem Film ergab. Sein *Interesse an Geschichte*, das sich erst in jüngster Zeit *geltend* gemacht habe, so heißt es in der Einführung zu diesen *Geschichte – Vor den letzten Dingen* betitelten Aufzeichnungen, sei nicht, wie er ursprünglich angenommen habe, durch die politische Situation seiner Zeit hervorgerufen worden. Vielmehr resultiere es *aus Ideen*, die er bereits in seiner *Theorie des Films auszuführen* gesucht hatte: *Indem ich mich der Geschichte zuwandte, führte ich nur Gedanken fort, die in jenem Buch manifest waren. [...] Blitzartig* seien ihm *die vielen Parallelen* aufgegangen, *die zwischen Geschichte*

*und den photographischen Medien, historischer Realität und Kamera-Realität* bestünden.[308] Was beide Bereiche verbindet, hat Kracauer im achten und letzten Kapitel über den *Vorraum «Geschichte»* ausgeführt. Demnach könne man die historische Realität ähnlich wie die fotografische *als einen Vorraum-Bereich definieren,* der sich aufgrund seines eigentümlichen Materials *dem Zugriff systematischen Denkens* entziehe und sich auch *nicht zu einem Kunstwerk [...] formen* lasse. Ebenso wenig wie Fotografie und Film vermittle oder erstrebe Geschichte darüber hinaus *letzte Wahrheiten.* Und schließlich unterliege, nach den visuellen Medien, auch die Historie einer Reihe von Missverständnissen und Vorurteilen: beispielsweise dem, dass sie entweder *eine Sache außerachtzulassender Meinungen* sei oder aber *ein Thema, das adäquat nur [...] Philosophen oder Künstler [...] erfassen* könnten. Aus diesen und anderen Gründen sieht es Kracauer als seine vorrangige *Aufgabe* an, *die eigentümliche Natur* der Geschichte *herauszustellen und zu charakterisieren*: die eines *vermittelnden Bereiches [...], der als solcher noch keine volle Anerkennung und Bewertung* gefunden habe.[309]

In insgesamt acht Etappen «durchreist» – wie man hier vielleicht in Anspielung auf den Titel des vierten Kapitels[310] sagen darf – der moderne und emanzipierte, *von den alten philosophisch-theologischen Spekulationen über die (vorgebliche) Bedeutung des totalen Geschichtsprozesses*[311] unbeeindruckte Historiker Siegfried Kracauer nicht so sehr die klassischen Geschichtsphilosophien samt ihrer Methodologien als vielmehr die Welt der Probleme und Dilemma, der Antinomien und Aporien, der Horizonte und Grenzen, der Struktur und Komponenten von Geschichte und Geschichtsdarstellung – in der Absicht, bestimmte Denkweisen zu rehabilitieren, die nicht nur Historikern eigentümlich sind: *Ihre Art zu argumentieren und zu reflektieren herrscht in dem ganzen Bereich, in den Geschichte fällt – ein Bereich, der an die Welt des Alltags grenzt – die Lebenswelt – und sich bis an die Grenzen eigentlicher Philosophie erstreckt. In der Lebenswelt, die alle Züge eines vermittelnden Bereichs an sich hat, konzentrieren wir uns gewöhnlich* – so viel auch zur Erläuterung des Titels seiner Ausführungen – *nicht so sehr auf die letzten als auf die vorletzten Dinge.*[312]

Da Kracauer am 26. November 1966 völlig unerwartet an den Folgen einer Lungenentzündung starb, blieb sein letztes Werk

Fragment. Zwar hatte er gut zwei Drittel des Textes schon mehr oder minder definitiv abgeschlossen, ja, Teile daraus sogar vorab veröffentlicht.[313] Aber für den Rest lagen nur Exposés, Übersichten oder bloße Abrisse vor, die der Herausgeber des 1969 postum erschienenen Buches, Paul Oskar Kristeller, für die Publikation teils durch einzelne verbindende Wörter und Sätze ergänzte, teils aber

Am 26. November 1966 entschlief unerwartet, nach kurzer Krankheit

## Dr. SIEGFRIED KRACAUER

In tiefer Trauer:

LILI KRACAUER

498 West End Avenue
New York, N. Y. 10024

Todesanzeige im New Yorker «Aufbau»
am 9. Dezember 1966

auch in umfangreicherer Form komplettierte. Beides, das Fragmentarische wie das fremde Zutun, mag gewisse Ungereimtheiten, Widersprüche, fragwürdige Feststellungen, kurz: all das Inkonsistente des Werks bedingen. Ein anderes Kennzeichen jedoch, das der Herausgeber mit einer Mischung aus Tadel und Anerkennung vermerkt – statt auf wichtige Fragen definitive Antworten zu geben, beschränke sich Kracauer nicht selten auf die bloße Formulierung des «Problem[s]», womit er gleichwohl «den Weg zu weiterem Denken» eröffne[314] –, entspricht nun gänzlich seinem fast lebenslang geübten Denkgestus. Es geht Kracauer – sein Geschichtsbuch unterstreicht dies noch einmal nachdrücklich – stets um eine *vorläufige Einsicht in die letzten Dinge vor den letzten*[315], freilich nicht, weil es ihm an intellektueller Entschiedenheit mangelte, sondern allein aus der Einsicht in das Ephemere unser ganzen Existenz und damit unserer Wahrnehmung und unseres Denkens. Und diese *Philosophie des Vorläufigen*[316], als die er dann selbst sein (beinahe) gesamtes produktives Schaffen bezeichnete, ist nicht zuletzt der treueste Ausdruck von Erfahrungen, wie sie seine Biographie mit sich brachte. Alles, was er gesagt und geschrieben habe, so heißt es in einem sehr schönen Wort Kristellers, sei «ein kostbares Zeugnis seines Denkens und Lebens und einer Welt, die er, unvollkommen wie sie ist, erfuhr, erlitt und meisterte»[317]. Erfahrung, Leid und Bewältigung seiner ebenso schwierigen wie ereignis- und abwechslungsreichen Existenz führten ihn am Ende in ein (intellektuelles) *Niemandsland* der *Exterritorialität*[318], das ihm jedoch kein Zufluchtsort war, sondern vielmehr ein Reich, aus dem heraus er *frei* und *ungebunden* – also vorurteilslos – Stellung zu den bedrängenden und herausfordernden Fragen der Gegenwart bezog: der seinem Denken angemessenste Ort.

# ANMERKUNGEN

Die Nachweise erfolgen hier in der Regel nur unter Angabe des Verfassernamens mit Kurztitel; vollständigere Angaben sind der Bibliographie zu entnehmen. Darüber hinaus werden folgende Siglen benutzt:

**BN**: S. Kracauer: Berliner Nebeneinander. Ausgewählte Feuilletons 1930–33. Hg. Von A. Volk. Zürich 1996

**DLA**: Deutsches Literaturarchiv, Marbach a. N. (die Verweise beziehen sich grundsätzlich auf den Nachlass Siegfried Kracauers)

**Kino**: S. Kracauer: Kino. Essays, Studien, Glossen zum Film. Hg. von K. Witte. Frankfurt a. M. 1974

**Marbach**: I. Belke, I. Renz: Siegfried Kracauer 1889–1966. Ausstellungskatalog. Marbach a. N. 1988

**Ornament**: S. Kracauer: Das Ornament der Masse. Essays. Mit einem Nachwort von K. Witte. Frankfurt a. M. 1977

**Schriften**: S. Kracauer: Schriften. Hg. von K. Witte [und I. Mülder-Bach.] Frankfurt a. M. 1971 ff.

1 Schriften V.2, S. 154 f.
2 Schriften VII, S. 20 (Ginster)
3 Alle Zitate ebenda. S. 41
4 Ebd., S. 41 f.
5 Cf. zum Folgenden Marbach, S. 1
6 Alle Zitate Schriften VII, S. 42
7 Marbach, S. 10 (Aus dem Tagebuch des Studenten)
8 Cf. jetzt A. Zweig: Das ostjüdische Antlitz. [Mit] 52 Zeichnungen von H. Struck. Wiesbaden 1988
9 Der Stand der zionistischen Bewegung. Eindrücke vom Baseler Zionistenkongreß. In: Frankfurter Zeitung, Jg. 72, Nr. 699 vom 20. 9. 1927, 2. Morgenblatt, S. 2
10 Schriften V.2, S. 114 (Max Scheler)
11 Cf. u. a. I. Kracauer: Geschichte der Juden in Frankfurt (1150–1824). Frankfurt a. M. 1925

und 1927. 2 Bde., sein postum erschienenes Hauptwerk (Faksimile-Nachdruck 1972)
12 Kracauer an O. Crusius, 29. 10. 1915 (unveröffentlichtes Schreiben, Bayerische Staatsbibliothek, München)
13 Cf. Marbach, S. 5 (Tagebucheintragungen vom 22. 2. und 28. 4. 1903)
14 J. Roth: Briefe 1911–1939. Hg. und eingeleitet von H. Kesten. Köln, Berlin 1970, S. 70
15 Mit diesem Attribut bedachten ihn beispielsweise K. Tucholsky und W. Benjamin in ihren Besprechungen von Kracauers Untersuchung über die Berliner «Angestellten» (cf. K. Tucholsky: Gesammelte Werke 8. Hg. von M. Gerold-Tucholsky und F. J. Raddatz, Reinbek bei Hamburg 1985, S. 334, bzw. W. Benjamin: Gesammelte Schriften III. Hg. von H. Tiedemann-Bartels, Frankfurt a. M. 1972, S. 219 ff.)
16 Marbach, S. 5 (Tagebucheintragung vom 9. 2. 1903)
17 Marbach, S. 7 (Reifezeugnis vom 12. 3. 1907)
18 Schriften VII, S. 284 f.
19 Ebd., S. 22 (Ginster)
20 Marbach, S. 10 (Aus dem Tagebuch des Studenten, Eintragung vom 14. 10. 1907)
21 Alle Zitate Schriften V.2, S. 400 f. (Aus dem Fenster gesehen)
22 H. Harbeck, Erinnerung an München. In: Das Tage-Buch, Jg. 4, H. 34 vom 25. 8. 1923, S. 1213
23 Schriften V.3, S. 72 f. (Wiederholung. Auf der Durchreise in München)
24 Cf. M. Brodersen: Dossier «Siegfried Kracauer in Italien». In: Juni, Jg. [10] (1996), Nr. 25, S. 9–29 (mit dem Abdruck von Kracauers «Tagebuch der Italienreise 1912»)
25 Mit einer Arbeit über «Die Entwicklung der Schmiedekunst in Berlin, Potsdam und einigen Städten der Mark vom 17. Jahrhundert

bis zum Beginn des 19. Jahrhunderts», erschienen 1915 in Worms (Neuausgabe Berlin 1997)

26 Schriften VII, S. 81

27 Ebd., S. 10

28 Briefwechsel Siegfried Kracauer – Ernst Bloch 1921 – 1966. Hg. und mit Anmerkungen versehen von I. Mülder. In: E. Bloch, Briefe 1903 – 1975. Frankfurt a. M. 1985, Bd. 1, S. 294 (an Bloch, 17. 1. 1928)

29 Marbach, S. 18 (Aus dem Tagebuch des Studenten 1911 / 12, Eintragung vom 22. 1. 1912)

30 Cf. Schriften VII, S. 44

31 Cf. H. Fries, Die große Katharsis. Der Erste Weltkrieg in der Sicht deutscher Dichter und Gelehrter. 2 Bde., Konstanz 1994 und 1995

32 Friedel Kracauer: Auf der großen Fahrt. München 1915, S. 2

33 N. Elias: Studien über die Deutschen. Machtkämpfe und Habitusentwicklung im 19. und 20. Jahrhundert. Hg. von M. Schröter. Frankfurt a. M. 1992, S. 237

34 Cf. u. a. Marbach, S. 19 (Aus dem Tagebuch des Studenten 1911 / 12, Eintragung vom 18. 8. 1912)

35 BN, S. 25

36 Cf. Denken an den Freund (unveröffentlichtes Gedicht, DLA)

37 Cf. Nachtdienst bei der freiwilligen Sanitätskolonne (unveröffentlichtes Manuskript, DLA)

38 Marbach, S. 28 (Brief an G. Simmel, 30. 11. 1917)

39 Schriften V.1, S. 21

40 Ebd., S. 27 (Max Scheler: Krieg und Aufbau)

41 Schriften VII, S. 81

42 Schriften II, S. 7

43 Schriften V.1, S. 26

44 Schriften VII, S. 106 (Ginster)

45 Marbach, S. 28 (Brief an G. Simmel, 30. 11. 1917)

46 Zeugnis des Stadtbauamtes Osnabrück vom 10. 12. 1918, S. 1 f. (unveröffentlicht, DLA)

47 Schriften V.2, S. 112 (Max Scheler †)

48 Marbach, S. 34 (an M. Susman, 28. 5. 1920)

49 I. Belke, Siegfried Kracauer als Beobachter der jungen Sowjetunion. In: M. Kessler, T. Y. Levin (Hg.), Siegfried Kracauer. Neue Interpretationen. Tübingen 1990, S. 27 (Kracauer an M. Susman, 21. 2. 1920)

50 Marbach. S. 34 (an M. Susman, 28. 5. 1920)

51 Cf. G. Gillessen: Auf verlorenem Posten. Die Frankfurter Zeitung im Dritten Reich. Berlin 1986, S. 12

52 Sonnemann, Leopold (1831 – 1909) (unveröffentlichtes Typoskript, DLA). Dieser Handbuch-Artikel erschien englisch im Band 14 der «Encyclopaedia of the Social Sciences», hg. von E. R. A. Seligman. New York 1934.

53 Eine schon im Jahre 1906 nachweisbare Publikation Kracauers in der «Frankfurter Zeitung» (cf. Ein Abend im Hochgebirge, Ausgabe vom 23. 8.) bildet eine bloße Episode.

54 Cf. jetzt Schriften V.1, S. 55 ff.

55 Schriften VII, S. 249 (Georg)

56 BN, S. 187 (Zum Ende des Sklarek-Prozesses)

57 Schriften V.1, S. 56

58 Ebd., S. 58

59 Cf. schließlich Kracauers Abrechnung mit dem «Tat»-Kreis aus dem Jahre 1931 in: «Aufruhr der Mittelschichten» (jetzt Schriften V.2, S. 405 ff.)

60 Zu den detaillierten Nachweisen dieser und weiterer Artikel Kracauers cf. T. Y. Levin: Siegfried Kracauer. Eine Bibliographie seiner Schriften. Marbach a. N. 1989, S. 68 ff.

61 I. Belke, Siegfried Kracauer als Beobachter der jungen Sowjetunion, S. 23 f. (Kracauer an M. Susman, 21. 2. 1920)

62 Ebd., S. 26 f. (Kracauer an M. Susman, 17. 10. 1920)

63 Cf. jetzt Schriften V.1, S. 123 ff. (Katholizismus und Relativismus) und Schriften V.3, S. 19 ff. (Max

Scheler und der Pazifismus), Schriften V.1, S. 236 ff. (Martin Buber) sowie ebd., S. 196 ff. (Prophetentum)

64 Cf. u. a. Religiöse Versuche der Gegenwart. In: Frankfurter Zeitung, Jg. 66, Nr. 143 vom 22. 2. 1922, 1. Morgenblatt, S. 2

65 Cf. Simmels Philosophie des Schauspielers. In: Frankfurter Zeitung, Jg. 65, Nr. 444 vom 18. 6. 1921, 1. Morgenblatt, S. 2, Schriften V.1, S. 233 ff. (Georg Simmel: «Zur Philosophie der Kunst») und Georg Simmel: «Fragmente und Aufsätze». In: Frankfurter Zeitung, Jg. 68, Nr. 937 vom 18. 12. 1923, Abendblatt, S. 1

66 Cf. jetzt Schriften I, S. 7 ff.

67 Unveröffentlichtes Typoskript, DLA

68 Alle Zitate Marbach, S. 12 (Aus dem Tagebuch des Studenten, Eintragungen vom 29. 10. und 30. 10. 1907)

69 Cf. M. Brodersen: «Una porta aperta sulla realtà». Il carteggio tra Simmel e Kracauer. In: Simmel à-la-carte. Hg. von P. Violante. Palermo 1997, S. 107–138 (mit Briefen aus den Jahren 1914–18)

70 Ebd., S. 127 f.

71 So die Anredeform seiner Briefe an Simmel; cf. ebd., S. 127 und S. 130

72 Ebd., S. 128 (Simmel an Kracauer, 26. 6. 1915)

73 G. Simmel: Das individuelle Gesetz. Philosophische Exkurse. Hg. von M. Landmann. Frankfurt a. M. 1968, S. 23 (Einleitung des Herausgebers)

74 H. Simmel: Auszüge aus seinen Lebenserinnerungen. In: Ästhetik und Soziologie um die Jahrhundertwende: Georg Simmel. Hg. von H. Böhringer und K. Gründer. Frankfurt a. M. 1976, S. 256

75 A. Salomon: Im Schatten einer endlosen großen Zeit. Erinnerungen aus einem langen Leben für meine Kinder, jungen Freunde und

Studenten (unveröffentlichtes Manuskript, Leo Baeck Institute, New York), S. 3

76 Georg Simmel: Fragmente und Aufsätze

77 Georg Simmel. Ein Beitrag zur Deutung des geistigen Lebens unserer Zeit, S. 137

78 Marbach, S. 33 (Kracauer an den Verlag von J. C. B. Mohr, 19. 4. 1920)

79 Cf. jetzt Ornament, S. 209 ff.

80 Alle Zitate Ornament, S. 209, S. 211 f., S. 213, S. 215, S. 239 und S. 241

81 Ebd., S. 217

82 Alle Zitate ebd., S. 217 f. und S. 225

83 Alle Zitate ebd., S. 212, S. 224, S. 239 f. und S. 207

84 Ebd., S. 239

85 Cf. u. a. Schriften V.1, S. 169 (Die Wartenden)

86 Ornament, S. 238

87 Schriften V.1, S. 328 (Gestalt und Zerfall)

88 Ornament, S. 242

89 Cf. Schriften I, S. 207

90 Schriften V.1, S. 383 (Stehbars im Süden)

91 Cf. ebd., S. 353 f., S. 394 f. und 385 ff. sowie Schriften V.2, S. 48 ff.

92 Ornament, S. 50 (Das Ornament der Masse).

93 Alle Zitate W. Benjamin: Briefe an Siegfried Kracauer. Mit vier Briefen von S. Kracauer an W. Benjamin. Hg. vom Theodor W. Adorno Archiv. (Redaktion: R. Tiedemann und H. Lonitz) Marbach a. N. 1987, S. 17 (Benjamin an Kracauer, 20. 4. 1926)

94 «Programmatisch» in seinem 1922 erschienenen Essay «Die Wartenden» (cf. jetzt Schriften V.1, S. 160 ff.)

95 F. Rosenzweig: Der Mensch und sein Werk. Gesammelte Schriften, 1. Abt. / 2. Halbbd.: Briefe und Tagebücher 1918–1929. Den Haag 1979, S. 912 bzw. S. 756; cf. auch S. 837 und S. 861

96 Anzeige «Die Bibel auf Deutsch – epochal!» In: Frankfurter Zeitung, Jg. 70, Nr. 65 vom 25. 1. 1926, Abendblatt, S. 1

97 M. Buber: Briefwechsel aus sieben Jahrzehnten, Bd. 2: 1918–1938, Heidelberg 1973, S. 245 (Buber an L. Marx, 9. 2. 1926)

98 Alle Zitate Schriften V.1, S. 356, S. 355, S. 365 und S. 355 f.

99 Alle Zitate ebd., S. 356, S. 362, S. 360 f.

100 Cf. ebd., S. 360

101 Alle Zitate ebd., S. 361, S. 363, S. 365, S. 364, S. 363 und S. 364

102 Als Modellfall «annihilierender Kritik» betrachtete Benjamin u. a. seine Rezension «Friedensware» (cf. W. Benjamin: Gesammelte Schriften III, S. 23 ff.).

103 Schriften V.1, S. 363

104 Cf. ebd., S. 362

105 Alle Zitate ebd., S. 364 f.

106 Alle Zitate ebd., S. 367 f. (Gegen wen?)

107 Schriften V. 2, S. 57

108 Cf. Ornament, S. 342 (Nachwort von Karsten Witte)

109 Alle Zitate Schriften V. 2, S. 66, S. 57 und S. 59 f.

110 Alle Zitate ebd., S. 61–64

111 Balázs: Der sichtbare Mensch oder Die Kultur des Films. Wien, Leipzig 1924, S. 18

112 Th. W. Adorno, Siegfried Kracauer tot. In: Frankfurter Allgemeine Zeitung, Nr. 279 vom 1. 12. 1966, S. 20

113 Kino, S. 9 (Über die Aufgabe des Filmkritikers)

114 Cf. Frankfurter Zeitung, Jg. 65, Nr. 332 vom 6. 5. 1921, Abendblatt, S. 1. Dieser erste Artikel überhaupt zum Film erschien anonym.

115 Alle Zitate Kino, S. 9–11

116 Cf. jetzt Kino, S. 163–165 (Ben Hur. Zur Aufführung in Frankfurt), S. 165–167 (Chaplin) und S. 73–76 (Die Jupiterlampen brennen weiter. Zur Frankfurter Aufführung des Potemkin-Films)

117 Kino, S. 166 (The Gold Rush)

118 Schriften V.1, S. 327 (Gestalt und Zerfall)

119 Schriften V.3, S. 168 (Photographiertes Berlin)

120 ***: Ginster. Fragmente aus einem Roman. In: Frankfurter Zeitung, Jg. 72, Nr. 266 vom 8. 4. 1928, 2. Morgenblatt, S. 1. Diesem ersten Teilabdruck folgten bis zum 27. 4. 1928 weitere sechzehn.

121 Cf. F. T. Gubler: Junge deutsche Erzählkunst. In: A. Volk (Hg.): Siegfried Kracauer. Zum Werk des Romanciers, Feuilletonisten, Architekten, Filmwissenschaftlers und Soziologen. Zürich 1996, S. 55 f. (Erstdruck in der Neuen Zürcher Zeitung vom 20. 5. 1928)

122 J. Roth: Briefe 1911–1939. Hg. und eingeleitet von H. Kesten. Köln, Berlin 1970, S. 127 f. (an Benno Reifenberg, undatiert, vermutlich Mai 1928)

123 So heißt es im redaktionellen Zusatz zur ersten Folge des Vorabdrucks (siehe Anmerkung 120): «Dem Wunsch des Autors, ungenannt zu bleiben, haben wir Rechnung zu tragen.» Mit dieser Anonymität war es freilich nicht weither. Schon einer der ersten Rezensenten des «Ginster», Thomas Mann, wusste, dass der «Verfasser ein bekannter Journalist» sei (cf. T. Mann: Bücherliste. In: Das Tagebuch, Jg. 9, H. 48 vom 1. 12. 1928, S. 2035).

124 Briefwechsel S. Kracauer– E. Bloch 1921–1966, S. 289 (Kracauer an Bloch, 5. 1. 1928)

125 I. Mülder: Siegfried Kracauer – Grenzgänger zwischen Theorie und Literatur. Seine frühen Schriften 1913–1933. Stuttgart 1985, S. 126

126 Die Gnade. Novelle, S. 5 (unveröffentlichtes Typoskript, DLA)

127 Cf. im Einzelnen I. Mülder, Siegfried Kracauer, S. 126 ff.

128 So u. a. die Texte Die kleine Stadt (Frankfurter Zeitung, Jg. 70,

Nr. 670 vom 9. 9. 1925, 1. Morgenblatt, S. 1 – 2) und Die Frau vor
dem Café (ebd., Jg. 71, Nr. 682 vom
13. 9. 1926, Abendblatt, S. 1)
129  Schriften V.1, S. 121 (Georg von
Lukács' Romantheorie)
130  G. Lukács: Die Theorie des Romans. Ein geschichtsphilosophischer Versuch über die Formen der
großen Epik. Neuwied, Berlin 1971,
S. 32
131  Schriften V.2, S. 102 (Sibirien –
Paris mit Zwischenstationen. Zu
Joseph Roths neuem Roman)
132  Ebd., S. 99 (Michail Lykow: Zeitgenosse aus Russland)
133  Ebd., S. 37 / 38 (Ilja Ehrenburg.
Zu seinem Roman: «Die Liebe der
Jeanne Ney»)
134  Ebd., S. 102 f. (Sibirien – Paris
mit Zwischenstationen. Zu Joseph
Roths neuem Roman)
135  Ebd., S. 100 (Michail Lykow:
Zeitgenosse aus Russland)
136  Ebd., S. 99 f.
137  Alle Zitate ebd., S. 102 (Sibirien
– Paris mit Zwischenstationen. Zu
Joseph Roths neuem Roman)
138  Ebd., S. 111 (Deutschland – Russland 1913 bis 1922. Zu dem Roman
Konstantin Fedins)
139  Ebd., S. 39 (Ilja Ehrenburg.
Zu seinem Roman: «Die Liebe der
Jeanne Ney»)
140  Ebd., S. 109 (Deutschland – Russland 1913 bis 1922. Zu dem Roman
Konstantin Fedins)
141  Ebd., S. 79 (Die eiserne Ferse)
142  Ebd., S. 101 (Sibirien – Paris mit
Zwischenstationen. Zu Joseph
Roths neuem Roman)
143  Ebd., S. 101
144  Alle Zitate ebd., S. 102 f.
145  Ebd., S. 79 (Die eiserne Ferse)
146  Briefwechsel S. Kracauer – E.
Bloch 1921 – 1966, S. 293 (Kracauer
an Bloch, 17. 1. 1928)
147  Schriften V.2, S. 161 (Heimweh
nach Sein. Zu Joseph Roths neuem
Roman: «Rechts und links»)
148  Schriften VII, S. 96 (Ginster)

149  Schriften V.2, S. 195 (Die Biographie als neubürgerliche Kunstform)
150  Schriften VII, S. 17 (Ginster)
151  Ebd., S. 191
152  Cf. H. Hesse: Vorfrühling in der
Stadt. In: Kölnische Zeitung, Nr.
169 vom 26. 3. 1929, Abend-Ausga-
be, S. 1 (vom Unterhaltungsblatt),
E. K[orrodi]: Wieder «Krieg» im
Roman. In: Neue Zürcher Zeitung,
Jg. 150, Nr. 212 vom 3. 2. 1929,
Zweite Sonntagsausgabe, Blatt 6,
und H. Möller [d. i. F. G. Jünger]: Der
Weltkrieg im Spiegel der Gegen-
wartsliteratur. In: Der Tag, Nr. 85
vom 9. 4. 1929, o. Pag. (Unterhal-
tungs-Rundschau)
153  So hatte er bereits die 1922 erschienene «Soziologie als Wissenschaft» besprochen (cf. W. Thormann: Soziologie als Wissenschaft.
In: Frankfurter Zeitung, Jg. 67, Nr.
528 vom 20. 7. 1923, 1. Morgenblatt,
S. 2)
154  W. Thormann: Ginster verrät
sein Geheimnis. In: Rhein-Maini-
sche Volkszeitung (Reichsausgabe),
Jg. 58, Nr. 278 vom 30. 11. 1928, S. 4
155  Alle Zitate J. Roth: Wer ist Ginster? In: Frankfurter Zeitung, Jg. 73,
Nr. 883 vom 25. 11. 1928, 2. Morgenblatt, S. 5 (Literaturblatt, Jg. 61,
Nr. 48)
156  Cf. E. Glaeser: Ein anonymer
Roman. Ginster von ihm selbst geschrieben. In: Berliner Tageblatt,
23. 12. 1928, H. Kahn, Ginster. In:
Die Weltbühne, Jg. 24, Nr. 51 vom
18. 12. 1928, S. 927 f., H. Kesten: Sti-
listen: Ginster. In: ebd., Jg. 26, Nr. 11
vom 11. 3. 1930, S. 399 f., H. Kasack:
Ginster, von ihm selbst geschrieben. In: Die literarische Welt, Jg. 4,
Nr. 50 vom 14. 12. 1928, S. 21, und
J. Maass: Junge Deutsche Dichtung.
Versuch eines Überblicks. In: Kölnische Zeitung, Nr. 386 vom 19. 7.
1931, 1. Sonntags-Ausgabe, S. 1 (der
Beilage Die Literatur, Nr. 29)
157  Die Reportage erschien zwi-

schen dem 8. 12. 1929 und dem
8. 1. 1930 in insgesamt zwölf Folgen

158 Schriften I, S. 215 und S. 259

159 Schriften V.2, S. 266

160 Cf. Th. W. Adorno: Noten zur
Literatur III. Frankfurt a. M. 1971,
S. 96

161 Alle Zitate Schriften I, S. 212

162 Ebd., S. 212

163 Alle Zitate ebd., S. 207

164 Frankfurter Zeitung, Jg. 74,
Nr. 18 vom 8. 1. 1930, 1. Morgenblatt, S. 2

165 Alle Zitate Schriften I, S. 216

166 Unveröffentlichtes Schreiben,
DLA

167 Schriften I, S. 223

168 Ebd., S. 229

169 Alle Zitate ebd., S. 230 f.

170 Alle Zitate ebd., S. 259

171 Ebd., S. 282

172 Alle Zitate ebd., S. 300

173 Ebd., S. 304

174 – dt.: Herr S. Kracauer und die
Angestellten. In: GDA. Zeitschrift
des Gewerkschaftsbundes der Angestellten, Jg. 1930, Nr. 5 vom 1. 3.
1930, S. 44

175 Cf. H. de Man: Die Angestellten.
In: Beamten-Gewerkschaft, Jg. 8,
Nr. 14 vom 5. 7. 1930, Sp. 337–340,
und ders.: Eine Sozialpsychologie
der Angestellten. In: Arbeit und
Wirtschaft, Jg. 8, H. 10 vom 15. 5.
1930, Spalte 385–392, sowie G. Risse (d. i. W. Dirks): Die Obdachlosen.
In: Deutsche Republik, Jg. 4 (1930),
Nr. 31, S. 937–940, und W. Dirks:
Zur Situation der deutschen Angestellten. Aus Anlass eines Buches.
In: Die Schildgenossen, Jg. 11
(1931), H. 3, S. 241–253

176 Alle Zitate H. Speier: Die Angestellten. In: Magazin der Wirtschaft, N. F., Jg. 6 (1930), Nr. 13 vom
28. 3. 1930, S. 606

177 W. Benjamin: Gesammelte
Schriften III, S. 228

178 Cf. I. Mülder: Siegfried Kracauer
– Grenzgänger zwischen Theorie

und Literatur, S. 9, die sich darin
auf ein Wort E. E. Noths beruft.

179 BN, S. 8 (Arbeitsvertrag mit der
Frankfurter Zeitung)

180 Cf. zum Nachfolgenden G. Gillessen: Auf verlorenem Posten,
S. 44 ff.

181 Schriften I, S. 215

182 Schriften V.2, S. 375 (Unfertig
in Berlin)

183 T. Y. Levin: Siegfried Kracauer.
Eine Bibliographie seiner Schriften,
S. 12 (Kracauer an Adorno, 22. 7.
1930)

184 Kracauer an B. Guttmann,
16. 3. 1931 (unveröffentlichtes
Schreiben, DLA)

185 Cf. BN, S. 76

186 Alle Zitate ebd., S. 10

187 Alle Zitate Briefwechsel S. Kracauer–E. Bloch 1921–1966, S. 363
(Bloch an Kracauer, 1. 6. 1932)
und S. 353 f. (Bloch an Kracauer,
29. 4. 1931)

188 Cf. Schriften V.2, S. 308 ff.
(Instruktionsstunde in Literatur)

189 BN, S. 27 (Unter der Oberfläche)

190 Ebd., S. 169 (Prozess Lieschen
Neumann)

191 Ebd., S. 186 f. (Zum Ende des
Sklarek Prozesses)

192 Marbach, S. 58 und S. 63

193 Briefwechsel S. Kracauer–E.
Bloch 1921–1966, S. 379 (an Kracauer, 30. 4. 1934)

194 Alle Zitate Schriften V.3, S. 211

195 Ebd., S. 211

196 Wilhelm II.: Die wahre Kunst.
In: Die Berliner Moderne
1885–1914. Hg. von J. Schutte und
P. Sprengel, Stuttgart 1987, S. 572 f.

197 Alle Zitate Schriften V.3,
S. 211 f.

198 Cf. Schriften V.3, S. 380 (Nachwort der Herausgeberin)

199 Kracauer an B. Reifenberg,
12. 3. 1933 und 20. 3. 1933 (unveröffentlichte Schreiben, DLA)

200 G. Gillessen: Auf verlorenem
Posten, S. 185 (H. Simon an Kracauer, 5. 4. 1933)

201 Cf. jetzt Kino, S. 221 ff. (Der Charlatan als Präsident) und Schriften V.3, S. 234 ff. (Mit europäischen Augen gesehen …)

202 Cf. Marbach, S. 75 (Frankfurter Societäts-Druckerei an Kracauer, 25. 8. 1933)

203 Gillessen: Auf verlorenem Posten, S. 185

204 [H. Simon:] Schriftsteller im Exil. In: Frankfurter Zeitung, Jg. 77, Nr. 523 vom 16. 7. 1933, S. 1

205 [Anonym:] Deutsche Emigration. An die Frankfurter Zeitung. In: Frankfurter Zeitung, Jg. 77, Nr. 540–541 vom 23. 7. 1933, S. 1

206 Einige Angaben über mich (Paris, 17. Januar 34.) (unveröffentlichtes Typoskript, DLA)

207 E. Bloch: Der eigentümliche Glücksfall. Über «Jacques Offenbach» von Siegfried Kracauer. In: Text + Kritik, Jg. 1980, H. 68, S. 73

208 H. Budzislawski an Kracauer, 17. 4. 1935 (unveröffentlichtes Schreiben, DLA)

209 Cf. Schriften V.3, S. 223 ff. (Die deutschen Bevölkerungsschichten und der Nationalsozialismus), S. 239 ff. (Die unterdrückten Bücher), S. 243 ff. (Über die deutsche Jugend), S. 253 ff., S. 255 ff. (Eine intellektuelle Anpassung an den Hitlerismus), S. 273 ff. (Das neue «Gesetz zur Ordnung der nationalen Arbeit») und S. 281 ff. (Das neue deutsche Wirtschaftsgesetz)

210 Analyse meines Romans, S. 1 (unveröffentlichtes Typoskript, DLA)

211 Ebd., S. 1

212 Ebd., S. 2

213 Schriften VII, S. 300 (Georg)

214 Alle Zitate Analyse meines Romans, S. 2 und S. 4

215 Alle Zitate ebd., S. 3

216 Schriften VII, S. 347 (Georg)

217 Analyse meines Romans, S. 1 f.

218 Alle Zitate Kino, S. 166 (The Gold Rush)

219 Ebd., S. 168 (Chaplin. Zu seinem Film Zirkus)

220 Ebd., S. 172 (Chaplin als Prediger)

221 Ebd., S. 177 (Chaplin Triumph)

222 Cf. Schriften VII, S. 2 ff.

223 Briefwechsel S. Kracauer – E. Bloch 1921–1966, S. 381 (Kracauer an Bloch, 5. 7. 1934)

224 Marbach, S. 79 (Kracauer an L. Löwenthal, 3. 11. 1934)

225 Cf. Schriften V.2, S. 197 (Die Biographie als neubürgerliche Kunstform)

226 Th. W. Adorno, E. Křenek, Briefwechsel. (Hg. von W. Rogge.) Frankfurt a. M. 1974, S. 124 (Křenek an Adorno, 2. 9. 1937)

227 Briefwechsel S. Kracauer – E. Bloch 1921–1966, S. 381 (Kracauer an Bloch, 5. 7. 1934)

228 Cf. E. Křenek: Musikerbiographie ohne Musik. In: Wiener Zeitung, 18. 5. 1937

229 Th. W. Adorno: Kracauer, Siegfried, Jacques Offenbach und das Paris seiner Zeit. Amsterdam 1937. In: Zeitschrift für Sozialforschung, Jg. 6 (1937), H. 3, S. 698

230 Marbach, S. 79 (Kracauer an L. Löwenthal, 3. 11. 1934)

231 Als Ganzes ist dieser Adorno-Brief vom 13. 5. 1937 noch unveröffentlicht.

232 Cf. Archäologie des Exils. Siegfried Kracauers Briefe an Daniel Halévy. Hg. und mit Anmerkungen versehen von T. Y. Levin. In: M. Kessler, T. Y. Levin (Hg.): Siegfried Kracauer: Neue Interpretationen. Tübingen 1990, S. 352 (Kracauer an Halévy, 23. 2. 1935)

233 Alle Zitate Schriften VIII, S. 9

234 Ebd., S. 9

235 Kracauer an die Büchergilde Gutenberg, 7. 4. 1935 (unveröffentlichtes Schreiben, DLA)

236 Schriften VIII, S. 113 f.

237 Cf. jetzt W. Benjamin: Gesammelte Schriften V. Hg. von R. Tiede-

mann. Frankfurt a. M. 1982 sowie ders.: Gesammelte Schriften I. Hg. von R. Tiedemann und H. Schweppenhäuser. Frankfurt a. M. 1974, S. 509 ff.

238 W. Benjamin, G. Scholem: Briefwechsel 1933–1940. Hg. von G. Scholem. Frankfurt a. M. 1980, S. 203 (Benjamin an Scholem, 9. 8. 1935)

239 E. Bloch: Erbschaft dieser Zeit. Zürich 1935, S. 288

240 Schriften VIII, S. 10

241 Cf. ebd., S. 186

242 Alle Zitate ebd., S. 10

243 Cf. M. Brodersen: «… ganz verschiedene Welten». Siegfried Kracauer in Italien. In: Juni, Jg. [10] (1996), Nr. 25, S. 8 ff.

244 Alle Zitate Schriften VIII, S. 199 f.

245 Cf. ebd., S. 285

246 Ebd., S. 280

247 Cf. Th. W. Adorno, Versuch über Wagner. Berlin, Frankfurt a. M. 1952

248 Schriften VIII, S. 351

249 Kracauer an W. Weyrauch, 18. 4. 1954 (unveröffentlichtes Schreiben, Archiv des Rowohlt-Verlages, Reinbek bei Hamburg)

250 M. Horkheimer: Gesammelte Schriften 15. Hg. von G. Schmid Noerr. Frankfurt a. M. 1995, S. 571 (Adorno an Horkheimer, 25. 6. 1936)

251 Ebd., S. 667 (Adorno an Horkheimer, 12. 10. 1936)

252 Alle Zitate Marbach, S. 85 (Exposé über «Masse und Propaganda»)

253 Alle Zitate ebd., S. 88–90

254 Cf. Marbach, S. 92

255 R. Wiggershaus: Die Frankfurter Schule. Geschichte. Theoretische Entwicklung. Politische Bedeutung. München 1989, S. 184

256 M. Horkheimer: Gesammelte Schriften 16. Hg. von G. Schmid Noerr. Frankfurt a. M. 1995, S. 463 (Kracauer an Adorno, 20. 8. 1938).

257 M. Horkheimer: Gesammelte Schriften 15, S. 666 (Adorno an Horkheimer, 12. 10. 1936)

258 Ebd., S. 738 (Adorno an Horkheimer, 23. 11. 1936)

259 Ebd., S. 709 (Adorno an Horkheimer, 30. 10. 1936)

260 Ebd., S. 737 (Adorno an Horkheimer, 23. 11. 1936)

261 M. Horkheimer, Gesammelte Schriften 16, S. 36 (Adorno an Horkheimer, 21. 1. 1937)

262 Ebd., S. 100 (Adorno an Horkheimer, 23. 3. 1937)

263 Ebd., S. 145 (Adorno an Horkheimer, 12. 5. 1937)

264 Cf. Kracauer an R. Krautheimer, 15. 5. 1936 (unveröffentlichtes Schreiben, DLA)

265 Cf. I. Mülder: Siegfried Kracauer – Grenzgänger zwischen Theorie und Literatur, S. 66 f.

266 R. Wiggershaus: Ein abgrundtiefer Realist. Siegfried Kracauer, die Aktualisierung des Marxismus und das Institut für Sozialforschung. In: M. Kessler, T. Y. Levin (Hg.): Siegfried Kracauer: Neue Interpretationen, S. 293

267 Schriften V.3, S. 372 (Adorno an Kracauer, 12. 1. 1933)

268 Kracauer an T. Tagger, 29. 11. 1936 (unveröffentlichtes Schreiben, Stiftung Archiv der Akademie der Künste, Berlin)

269 Cf. u. a. Kracauer an F. T. Gubler, 27. 7. 1947 (unveröffentlichtes Schreiben, DLA)

270 M. Kessler, T. Y. Levin (Hg.): Siegfried Kracauer: Neue Interpretationen, S. 369 (Kracauer an das Centraalblad voor Israeliten, Amsterdam, 1. 6. 1939)

271 Kracauer an B. Knopf, 21. 6. 1938 (unveröffentlichtes Schreiben, DLA)

272 V. Breidecker: «Ferne Nähe». Kracauer, Panofsky und «the Warburg tradition». In: S. Kracauer, E. Panofsky, Briefwechsel 1941–1966. Mit einem Anhang: Siegfried Kracauer «under the spell of the living

Warburg tradition». Hg., kommentiert und mit einem Nachwort versehen von V. Breidecker. Berlin 1996, S. 223 (Kracauer an H. Levin, 15. 10. 1942)

273 Schriften II, S. 7
274 Alle Zitate in ebd., S. 11
275 Ebd., S. 9
276 Ebd., S. 14
277 Ebd., S. 17 f.
278 Ebd., S. 287
279 Zit. nach dem «Nachwort des Herausgebers» zu den Schriften II, S. 610
280 Th. W. Adorno: Nach Kracauers Tod. In: Poetik und Hermeneutik 3. Hg. von H. R. Jauß. München 1968, S. 6
281 Th. W. Adorno: Noten zur Literatur III. Frankfurt a. M. 1971, S. 104
282 Marbach, S. 116 (Brief an L. Löwenthal, 27. 10. 1958)
283 Von Caligari zu Hitler. Ein Beitrag zur Geschichte des deutschen Films. Hamburg 1958, S. 6 (Vorbemerkung des Verlags)
284 W. W. Wallroth: Der entschärfte Kracauer. In: Deutsche Filmkunst, Jg. 6 (1958), H. 7, S. 207
285 Ebd., S. 211
286 Cf. J. Bundschuh: Als dauere die Gegenwart eine Ewigkeit. Notizen zu Leben und Werk von Siegfried Kracauer. In: Text + Kritik, Jg. 1980, H. 68, S. 9
287 Schriften III, S. 10
288 Ebd., S. 371
289 Ebd., S. 9 f.
290 R. Arnheim: Zur Psychologie der Kunst. Aus dem Amerikanischen von H. Hermann und R. Arnheim. Köln 1977, S. 149
291 Alle Zitate Schriften III, S. 11
292 Ebd., S. 13 f.
293 Marbach, S. 107 (Kracauer an Th. W. Adorno, 12. 2. 1949)

294 Schriften III, S. 14
295 Ebd., S. 13
296 Alle Zitate ebd., S. 392 f.
297 Ebd., S.14; Kracauer zitiert hier ein Wort Gabriel Marcels
298 Ebd., S. 372
299 Ebd., S. 13
300 Prolog vor dem Film. Nachdenken über ein neues Medium 1909–1914. Hg. und kommentiert von J. Schweinitz. Leipzig 1992, S. 146
301 Cf. zum Folgenden Prolog vor dem Film, S. 7
302 Schriften III, S. 399 f.
303 Ebd., S. 393
304 R. Arnheim: Zur Psychologie der Kunst, S. 153
305 Schriften III, S. 14
306 R. Arnheim: Zur Psychologie der Kunst, S. 146
307 Zit. in Schriften III, S. 391
308 Schriften IV, S. 15
309 Alle Zitate ebd., S. 179
310 Die Reise des Historikers (cf. ebd., S. 82 ff.)
311 Ebd., S. 27
312 Ebd., S. 196
313 Cf. Time and History. In: Zeugnisse. Th. W. Adorno zum sechzigsten Geburtstag. Hg. von M. Horkheimer. Frankfurt a. M. 1963, S. 50 ff. sowie Zwei Deutungen in zwei Sprachen. In: Ernst Bloch zu ehren. Hg. von S. Unseld. Frankfurt a. M. 1965, S. 145 ff.
314 Schriften IV, S. 9 (Vorwort von Paul Oskar Kristeller)
315 Schriften IV, S. 26
316 Nov. 4, 1961 (unveröffentlichtes Manuskript, DLA)
317 Schriften IV, S. 11 (Vorwort von Paul Oskar Kristeller)
318 Schriften IV, S. 85

# Anmerkungen zu den Textbildern

S. 13: Marbach, S. 2 f. (Eintragungen vom 4. und 11. 2. 1903)

S. 15: Kracauer an O. Crusius, 29. 10. 1915 (unveröffentlichtes Schreiben, Bayerische Staatsbibliothek, München)

S. 17: Marbach, S. 9 f. (Eintragungen vom 20. und 21. 8. sowie 3. 9. 1907) bzw. S. 29 (Eintragungen vom 4. 7. 1918)

S. 21: V. Klemperer, Curriculum vitae. Erinnerungen 1881–1918. Hg. von W. Nowojski. Berlin 1996, Bd. 1, S. 174, S. 179 und S. 183 f. (Tagebucheintragungen vom 26. 7., 2. und 6. 8. 1914)

S. 40: Unveröffentlichtes Typoskript, DLA

S. 56: [Anonym:] Kritik ist schöpferische Kunst. VI. S. Kracauer. In: Film-Kurier, Nr. 294 vom 13. 12. 1930, 2. Beiblatt

S. 60: Unveröffentlichtes Schreiben, DLA

S. 80: E. Niekisch: Ein Kracauer auf Entdeckungsreisen [I.]. In: Deutsche Handels-Wacht, Jg. 37 (1930), Nr. 2 [910] vom 25. 1. 1930, S. 27 f.

S. 84: Kracauer an P. Geck, 29. 12. 1931, sowie an R. Drill, 31. 12. 1931 (unveröffentlichte Schreiben, DLA)

S. 90: Unveröffentlichtes Schreiben, DLA

S. 104: Unveröffentlichtes Schreiben, DLA

S. 117: Unveröffentlichtes Schreiben, DLA

S. 118: Unveröffentlichtes Schreiben, DLA

S. 123: S. Kracauer, E. Panofsky: Briefwechsel 1941–1966. Mit einem Anhang: Siegfried Kracauer «under the spell of the living Warburg tradition». Hg., kommentiert und mit einem Nachwort versehen von V. Breidecker. Berlin 1996, S. 47

S. 125: Unveröffentlichtes Schreiben, DLA

S. 128: Unveröffentlichte Schreiben, Archiv des Rowohlt Verlags, Reinbek bei Hamburg

**1889**   8. Februar: Geburt in Frankfurt a. M. als einziges Kind des Kaufmanns Adolf Kracauer und seiner Frau Rosette, geb. Oppenheim(er).

**Ostern 1898**   Eintritt in das Frankfurter Philanthropin.

**1903**   Frühestes überliefertes Schriftzeugnis (Tagebuch von Anfang Februar bis Ende April).

**1906**   Erste Publikation in der «Frankfurter Zeitung».

**1907**   12. März: Abitur an der Klinger-Oberrealschule. Bekanntschaft des Philosophen und Soziologen Georg Simmel in Berlin.

**1907–11**   Architektur-Studium in Darmstadt, Berlin und München.

**1911**   7. August: Diplomingenieur-Examen in München.

**1912**   September bis November: Italienreise.

**1912–14**   Architekt in München und Frankfurt a. M.

**1914**   16. Juli: Promotion an der TH Berlin mit einer Arbeit über *Die Entwicklung der Schmiedekunst in Berlin, Potsdam und einigen Städten der Mark vom 17. Jahrhundert bis zum Beginn des 19. Jahrhunderts.* November: Kennenlernen des Philosophen Max Scheler in Frankfurt a. M.

**1915–17**   Architekt in Frankfurt a. M.

**1916**   September: Tod des Freundes Otto Hainebach vor Verdun.

**1917**   September: Einberufung, Dienst bei der Fußartillerie in Mainz.

**1918**   Architekt im Stadtbauamt Osnabrück. Dezember: Rückkehr nach Frankfurt a. M.

**1919**   Umzug in eine bescheidenere Wohnung im Frankfurter Norden. Kennenlernen Theodor W. Adornos. *Georg Simmel. Ein Beitrag zur Deutung des geistigen Lebens unserer Zeit* (Teilpublikation 1921).

**Um 1920**   Kennenlernen Leo Löwenthals.

**1921**   Eintritt in die Redaktion der «Frankfurter Zeitung».

**1922**   *Soziologie als Wissenschaft.*

**1924**   November: Festanstellung an der «Frankfurter Zeitung» und Übernahme des Film-Ressorts.

**1925**   *Der Detektiv-Roman. Ein philosophischer Traktat* (Erstveröffentlichung 1971). Beschäftigung mit marxistischer Theorie.

**1928**   *Ginster. Von ihm selbst geschrieben* (Roman).

**1929/30**   Veröffentlichung der Untersuchung *Die Angestellten* in der «Frankfurter Zeitung» (Buchausgabe 1930).

**1930**   5. März: Hochzeit mit Elisabeth Ehrenreich in Frankfurt. Übernahme der Berliner Feuilleton-Redaktion der «Frankfurter Zeitung».

**1933**   Anfang März: Flucht nach Paris. August: Kündigung durch die «Frankfurter Zeitung».

**1933/34**   Zahlreiche Publikationen in französischen Zeitschriften.

**1934**   Oktober: Abschluss des Romans *Georg* (Erstveröffentlichung 1973).

**1937**   Erscheinen der Gesellschaftsbiographie *Jacques Offenbach und das Paris seiner Zeit* im Amsterdamer Verlag Allert de Lange. Herbst: Abschluss einer Auftragsarbeit für das «Institut für Sozialforschung» über *Masse und Propaganda* (bislang unveröffentlicht).

**1938**   Beginn der Arbeit an einem grundlegenden und umfassenden Buch über den Film.

**1939**   September–November: im französischen Internierungslager.

**1940**   11. Juni: Flucht mit seiner Ehefrau nach Marseille.

**1941**   24. Februar: Verlassen Mar-

seilles und Erreichen des rettenden Portugal nach viertägiger Reise durch Spanien. Mitte April: Einschiffung in Lissabon.
25. April: Ankunft in New York. Juli: Special Assistent der Kuratorin an der Film Library des New Yorker Museum of Modern Art. In den Folgejahren Stipendiat verschiedener amerikanischer Forschungsinstitutionen.

1942   Juni: Abschluss der Studie über *Propaganda and the Nazi War Film.* August: Nachricht über die Deportation von Mutter und Tante ins Konzentrationslager Theresienstadt.

1943   Mai: *The Conquest of Europe on the Screen – The Nazi Newsreel 1939–1940.*

1945–48   Arbeit als freier Schriftsteller.

1946   Anfang September: Naturalisierung der Kracauers in Amerika.

1947   Mitte April: Erscheinen von *From Caligari to Hitler* in der Princeton University Press, wenig später auch in England.

1949   Februar: Erhalt eines zunächst auf ein Jahr befristeten Stipendiums der Bollington Foundation für die geplante Filmästhetik.

1950   Gelegentliche Arbeit für die «Voice of America».

1952   Zunächst Senior Staff Member, dann Research Director im «Bureau of Applied Social Research» der Columbia University.

1956   Sommer: mehrmonatige Europareise, auf der Kracauer erstmals nach 1933 auch wieder Deutschland besucht. *Satellite Mentality. Political Attitudes and Propaganda Susceptibilities of Non-*

*Communists in Hungary, Poland and Czechoslovakia* (zusammen mit Paul L. Berkman).

1958   März: *Von Caligari bis Hitler* (Erste, stark gekürzte deutsche Ausgabe im Rowohlt Verlag). Sommer: erneute Europareise.

1959   Neuausgabe der Untersuchung über *Die Angestellten* im Allensbach-Bonner Verlag für Demoskopie.

1960   Sommer: mehrmonatige Europareise. Oktober: *Theory of Film* (deutsche Übersetzung 1964).

1960/61   Beginn der Arbeit an dem unvollendet gebliebenen Buch *History. The Last Things Before the Last* (1969 aus dem Nachlass veröffentlicht, deutsch 1971).

1963   Erscheinen von *Das Ornament der Masse* und einer Neuausgabe des *Ginster* im Frankfurter Suhrkamp Verlag.

1964   *Straßen in Berlin und anderswo.* Sommer: mehrmonatige Europareise.

1966   Sommer: Europareise und Teilnahme an der Jahrestagung der Forschungsgruppe Poetik und Hermeneutik in Lindau. Am 26. November stirbt Kracauer unerwartet an den Folgen einer Lungenentzündung in New York.

1971   Beginn einer ursprünglich auf fünf, mittlerweile auf neun Bände angelegten Edition von Kracauers Schriften im Frankfurter Suhrkamp Verlag. *Über die Freundschaft. Essays.*

1974   *Kino. Essays, Studien, Glossen zum Film.*

1979   *Von Caligari zu Hitler* (erste vollständige deutsche Ausgabe im Rahmen der *Schriften*).

# Zeugnisse

## Joseph Roth

Dr Kracauer ist ein armes Waserl. Er kann nur einmal in 10 Jahren machen, was ihm gefällt, [...] und er kann niemals – [...] infolge seines Sprachfehlers und seines uneuropäischen Gesichts – die Zeitung auswärts vertreten. Er ist ein kluger ironischer Kopf ohne Phantasie, aber trotz aller Bewußtheit sympathisch naiv. [...] Ich lerne von ihm immer und bringe die Geduld auf, eine halbe Stunde zu warten, bis er seine Weisheit hervorgestottert hat. Es lohnt immer.
*Briefe 1911–1939, Köln, Berlin 1970*

## Thomas Mann

Ich las «Ginster» [...], ein Zeitdokument von Wert [...]. Der Krieg, im Lande erlebt und nicht an der Front, aber doch eben am eigenen Leibe und eigenen Geist, mit trockener Wahrhaftigkeit. Die Prosa ist nicht einmal besonders persönlich, aber kultiviert und sicher, in der Stimmung von kaustischer Resignation.
*Das Tage-Buch, 1. 9. 1928, S. 2034*

## «Die Weltbühne»

S. Kracauer. Die berliner Tageszeitungen haben [...] nicht grade [...] einen Überfluß an begabten Filmkritikern [...], die nicht nur verstehen, worauf es im Film ankommt, sondern auch zu sagen wagen und [...] wissen, wo die Schäden sitzen. [...] Sie [...] sind ein Filmkritiker nach unserm Herzen. [...] Als Rezept empfehlen Sie Aufrichtigkeit, Beobachtungsgabe, Humanität. «Sitzt!», wie die Saxo-Borussen sagen.
*Die Weltbühne, 11. 12. 1928, S. 901*

## Carl von Ossietzky

Es ist so selten, einen Menschen zu treffen, der die Dinge kämpferisch, doch nicht aus der Raufboldperspektive sieht.
*An S. Kracauer, 7. Juli 1929*

## Kurt Tucholsky

Die Angestelltenfrage ist durch das Buch Kracauers [...] in Bewegung gekommen. Die Spezialisten toben wild umher – sie haben Jahrzehnte verschlafen, und nun kommt da so ein Außenseiter!
*Die Weltbühne, 23. 12. 1930, S. 945*

## Harry Graf Kessler

[...] Kracauer (an dessen monströse Hässlichkeit ich mich nicht gewöhnen kann) [...].
*Tagebücher 1918–1937, Frankfurt a. M. 1961*

## Theodor W. Adorno

Über viele Jahre hindurch las er mit mir [...] die Kritik der reinen Vernunft. [...] Pädagogisch ausnehmend begabt, hat er mir Kant zum Sprechen gebracht. Von Anbeginn erfuhr ich, [...] das Werk nicht als eine bloße Erkenntnistheorie, als Analyse der Bedingungen wissenschaftlich gültiger Urteile, sondern als eine Art chiffrierter Schrift, aus der der geschichtliche Stand des Geistes herauszulesen war, mit der vagen Erwartung, dass dabei etwas von der Wahrheit selber zu gewinnen sei.
*Der wunderliche Realist, 1964*

## Ernst Erich Noth

Kracauer war zweifellos die überlegenste Begabung im Feuilleton der FZ; mit seiner soziologisch sondierenden und analysierenden, stets sachlich unterbauten Reportage von literarischem Belang und Wert hat er geradezu eine neue journalistische Kleingattung geschaffen.
*Erinnerungen eines Deutschen, Hamburg, Düsseldorf 1971*

**Ernst Bloch**

[…] ich habe seine Art zu schreiben bewundert, seinen Sinn fürs Nebenbei […], für das Kleine und seine Ablehnung des hohen Tons.
*Die Welt bis zur Kenntlichkeit verändern, 1974*

**Ernst Bloch**

Ich weiß nicht, ob ein Mensch, der den Offenbach noch nicht gehört haben sollte, aus diesem Buch überhaupt herausbekommen kann, dass Offenbach etwas komponiert hat – um es überspitzt auszudrücken.
*Text + Kritik, H. 68/1980, S. 74*

**Hans Sahl**

Kracauers Kritiken […] waren sozialpsychologische Essays, die den Film als ein gesellschaftliches Phänomen verstehen wollten […]. Ich schätzte Kracauer sehr, was mich jedoch nicht hinderte, mich später mit seinem […] Werk «Von Caligari zu Hitler» kritisch auseinanderzusetzen, in dem er den […] abwegigen Versuch unternahm, jeden, aber auch jeden Film, der in Deutschland vor 1933 gedreht worden war, als Symptom einer schon damals feststellbaren Massenneurose zu analysieren.
*Memoiren eines Moralisten, Zürich 1983*

**Karsten Witte**

Kracauer war einer, der nicht altern wollte. Die Zeitlosigkeit war für ihn ein Moment, sich selbst zu behaupten. Ein sehr schrulliges Moment in seiner Biographie ist, daß in all seinen Büchern nie Angaben über sein Geburtsdatum gemacht wurden […]. Er hatte Angst abgeschoben zu werden. Das war eine alltägliche Erfahrung all der Leute, die als Festetablierte 1933 Deutschland verlassen mußten – ein Exiltrauma […].
*Interview, 11. 4. 1978*

**Inka Mülder-Bach**

Kracauer hat es vermieden, sich auf eine Disziplin festzulegen, und so scheint sich bis heute keiner so recht für ihn zuständig zu fühlen. Gerade die Schriften der Weimarer Zeit […] sperren sich gegen die im spezialisierten Wissenschaftsbetrieb üblich gewordenen Einteilungen und Zuordnungen.
*Siegfried Kracauer – Grenzgänger zwischen Theorie und Literatur, Stuttgart 1985*

**Heinz Brüggemann**

Kracauer hat die falschen Versprechungen formgebundener Gemeinschaften ebenso unnachsichtig analysiert wie voreilige Sinnstiftungen […].
*Das andere Fenster, Frankfurt a. M. 1989*

# AUSWAHL-
# BIBLIOGRAPHIE

## 1. Bibliographien

Bibliographisch ist das Werk Kracauers seit Ende der 1980er Jahre annähernd vollständig erschlossen:

Levin, T. Y.: Siegfried Kracauer. Eine Bibliographie seiner Schriften. Marbach a. N. 1989

–: Neue Kracauer-Texte: Eine bibliographische Meldung. In: Jahrbuch der Deutschen Schillergesellschaft, Jg. 35 (1991), S. 460–462

Hingegen vermitteln die Verzeichnisse der Sekundärliteratur nur lücken- oder ausschnitthafte Einblicke in die Rezeption seiner Schriften:

Köhn, E., Oswald, S.: Auswahlbibliographie zu Siegfried Kracauer. In: Text + Kritik, Jg. 1980, H. 68, S. 84–89

Levin, T. Y.: The English-Language Reception of Kracauer's Work: A Bibliography. In: New German Critique, Bd. 18 (1991), H. 3 [54], S. 183–189

Volk, A.: Literatur zum Werk Siegfried Kracauers seit 1985. Eine Bibliographie. In: Ders. (Hg.): Siegfried Kracauer. Zum Werk des Romanciers, Feuilletonisten, Architekten, Filmwissenschaftlers und Soziologen. Zürich 1996, S. 303–348

## 2. Schriften

### Werkausgabe

Die ursprünglich auf fünf, mittlerweile auf neun Bände konzipierte Edition der vom Suhrkamp Verlag betreuten Schriften, hg. von K. Witte [und I. Mülder-Bach.], Frankfurt a. M. 1971 ff. ist noch nicht abgeschlossen; so steht die Veröffentlichung der Bände 6 (Aufsätze zum Film) und 9 (Abhandlungen aus dem Nachlass) aus:

Bd. 1: Soziologie als Wissenschaft. Der Detektiv-Roman. Die Angestellten. 1971

Bd. 2: Von Caligari zu Hitler. Eine psychologische Geschichte des deutschen Films. Mit 64 Abb. Übersetzt von R. Baumgarten und K. Witte. 1979

Bd. 3: Theorie des Films. Die Errettung der äußeren Wirklichkeit. Vom Verfasser revidierte Übersetzung von F. Walter und R. Zellschan. 1973

Bd. 4: Geschichte – Vor den letzten Dingen. (Aus dem Amerikanischen von K. Witte.) 1971

Bd. 5: Aufsätze (1915–1965). Hg. von I. Mülder-Bach. 1990, 3 Bde.

Bd. 7: Ginster. Georg. 1973

Bd. 8: Jacques Offenbach und das Paris seiner Zeit. (Mit einem Nachwort und Anmerkungen von K. Witte und 27 Abb.) 1976

### Einzelausgaben

Die Hauptwerke Kracauers (Bücher, Essays und Kritiken) liegen auch in einer Reihe von Einzelveröffentlichungen vor.
 Daneben haben einige seiner Schriften keine Berücksichtigung in der Werkausgabe des Suhrkamp Verlags gefunden:

Die Entwicklung der Schmiedekunst in Berlin, Potsdam und einigen Städten der Mark vom 17. Jahrhundert bis zum Beginn des 19. Jahrhunderts. Worms 1915 [Dissertation; Neuausgabe Berlin 1997]

The Conquest of Europe on the Screen. The Nazi Newsreel 1939–1940. Washington, D. C. 1943

(Mit P. L. Berkman:) Satellite Mentality. Political Attitudes and Propaganda Susceptibilities of Non-Communists in Hungary, Poland and Czechoslovakia. A Report of the Bureau of Applied Social Research, Columbia University. New York 1956

Weitere umfangreiche Ergänzungen zu den «Schriften» bilden schließlich die Anthologien:

Über die Freundschaft. Essays. Frankfurt a. M. 1971

Kino. Essays, Studien, Glossen zum Film. Hg. von K. Witte. Frankfurt a. M. 1974

Berliner Nebeneinander. Ausgewählte Feuilletons 1930–33. Hg. von A. Volk. Zürich 1996

Frankfurter Turmhäuser. Ausgewählte Feuilletons 1906–1930. Hg. von A. Volk. Zürich 1997

## Briefe und Tagebücher

Nur ein geringer Teil der autobiographischen Schriften Kracauers ist bislang veröffentlicht. Zu den in dieser Hinsicht wichtigsten Publikationen zählen u. a.:

Briefwechsel Siegfried Kracauer – Ernst Bloch 1921–1966. Hg. und mit Anmerkungen versehen von I. Mülder. In: E. Bloch, Briefe 1903–1975. Frankfurt a. M. 1985, Bd. 1, S. 257–406

Benjamin, W.: Briefe an Siegfried Kracauer. Mit vier Briefen von S. Kracauer an W. Benjamin. Hg. vom Theodor W. Adorno Archiv. Marbach a. N. 1987

Belke, I./Renz, I.: Siegfried Kracauer 1889–1966. Ausstellungskatalog. Marbach a. N. 1988 [u. a. mit zahlreichen autobiographischen Dokumenten]

Archäologie des Exils. Siegfried Kracauers Briefe an Daniel Halévy. Hg. und mit Anmerkungen versehen von T. Y. Levin. In: M. Kessler/T. Y. Levin (Hg.), Siegfried Kracauer: Neue Interpretationen. Tübingen 1990, S. 345–417

Berthold, W./Eckert, B./Wende, F.: Deutsche Intellektuelle im Exil. Ihre Akademie und die «American Guild for German Cultural Freedom». Ausstellungskatalog. München, London, New York, Paris 1993 [u. a. mit ausführlichen Auszügen aus dem Briefwechsel Kracauer – «American Guild»/Hubertus Prinz zu Löwenstein]

Kracauer, S., Panofsky, E.: Briefwechsel 1941–1966. Mit einem Anhang: Siegfried Kracauer «under the spell of the living Warburg tradition». Hg., kommentiert und mit einem Nachwort versehen von V. Breidecker. Berlin 1996

Brodersen, M.: Dossier ‹Siegfried Kracauer in Italien›. In: Juni, Jg. 1996, Nr. 25, S. 9–29 [u. a. mit Kracauers «Tagebuch der Italienreise 1912»]
–: «Una porta aperta sulla realtà». Il carteggio tra Simmel e Kracauer. In: Simmel à-la-carte. Hg. von P. Violante. Palermo 1997, S. 107–138 [mit dem Briefwechsel Kracauer – Georg Simmel]

## 3. Literatur zu Kracauer

Kracauer ist ein alles andere als «unbeschriebenes Blatt», insofern stellen die nachfolgend aufgeführten Titel nur eine Auswahl aus der umfangreichen Literatur zu seinem Leben und Werk dar.

## Sammelbände

Arnold, H. L. (Hg.): Text + Kritik. Zeitschrift für Literatur, H. 68 Siegfried Kracauer. München 1980

Cunico, G. (Hg.): Kracauer: il riscatto del materiale. Genua 1992

Kessler, M./Levin, T. Y. (Hg.): Siegfried Kracauer: Neue Interpretationen. Akten des internationalen, interdisziplinären Kracauer-Symposiums Weingarten, 2.–4. März 1989. Tübingen 1990

New German Critique (New York),
Bd. 18 (1991), H. 3 [54] Special Issue
on Siegfried Kracauer
Volk, A. (Hg.): Siegfried Kracauer.
Zum Werk des Romanciers, Feuilletonisten, Architekten, Filmwissenschaftlers und Soziologen. Zürich
1996 [= Neuausgabe von H. 1−2
(8/9)/1994 der Zeitschrift «Sozio-
graphie»]

## Buchveröffentlichungen

Barnouw, D.: Critical Realism. Histo-
ry, Photography and the World of
Siegfried Kracauer. Baltimore, Lon-
don 1994
Brüggemann, H.: Das andere Fenster:
Einblicke in Häuser und Menschen.
Zur Literaturgeschichte einer urba-
nen Wahrnehmungsform. Frank-
furt a. M. 1989
Frisby, D.: Fragments of Modernity.
Theories of Modernity in the Work
of Simmel, Kracauer, and Benjamin.
Cambridge, Mass. 1985 [deutsch:
Fragmente der Moderne. Georg
Simmel, Siegfried Kracauer, Walter
Benjamin. Rheda 1989]
Günter, M.: Anatomie des Anti-Sub-
jekts. Zur Subversion autobiogra-
phischen Schreibens bei Walter
Benjamin, Siegfried Kracauer und
Carl Einstein. Würzburg 1996
Haenlein, L.: Der Denk-Gestus des
aktiven Wartens im Sinn-Vakuum
der Moderne. Zur Konstitution und
Tragweite des Realitätskonzeptes
Siegfried Kracauers in spezieller
Rücksicht auf Walter Benjamin.
Frankfurt a. M., Bern, New York,
Nancy 1984
Hofmann, M./Korta, T.: Siegfried
Kracauer. Fragmente einer Archäo-
logie der Moderne. Sinzheim 1997
Koch, G.: Kracauer zur Einführung.
Hamburg 1996
Köhn, E.: Straßenrausch. Flanerie
und kleine Form. Versuch zur Lite-
raturgeschichte des Flaneurs bis
1933. Berlin 1989

Krebs, C.: Siegfried Kracauer et la
France. Saint-Denis 1998
Maroldt, P.: Ästhetische Erfahrung in
der Moderne – ihre Konsequenzen
für die Soziologie in den Schriften
Siegfried Kracauers. Marburg 1996
Mülder, I.: Siegfried Kracauer –
Grenzgänger zwischen Theorie und
Literatur. Seine frühen Schriften
1913−1933. Stuttgart 1985
Reeh, H.: Storbyens Ornamenter.
Siegfried Kracauer og den moderne
bykultur. Odense 1991
Traverso, E.: Siegfried Kracauer:
itinéraire d'un intellectuel nomade.
Paris 1994

## Unselbständige Veröffentlichungen

Adorno, T. W.: Der wunderliche
Realist. Über Siegfried Kracauer.
In: Neue deutsche Hefte, Jg. 1964,
H. 101, S. 17−39
Anselm, S.: «Indizienjäger im
Alltag». Siegfried Kracauers kriti-
sche Phänomenologie. In: H. Ber-
king, R. Faber (Hg.): Kultursoziolo-
gie – Symptom des Zeitgeistes?
Würzburg 1989, S. 170−194
Belke, I.: «Das ‹Geheimnis› des
Faschismus liegt in der Weimarer
Republik». Der Kunsthistoriker
Meyer Schapiro über Kracauers
erstes Film-Buch. In: Film-Exil,
Jg. 1994, H. 4, S. 35−49
−: Identitätsprobleme Siegfried Kra-
cauers (1889−1966). In: W. Benz,
M. Neiss (Hg.): Deutsch-jüdisches
Exil: das Ende der Assimilation?
Berlin 1994, S. 45−65
Gerhard, U.: Siegfried Kracauers
«Ginster» – ein Text zur «Zerstreu-
ung». Versuch über nomadische
Diskursformen. In: G. Cleve, I.
Ruth, E. Schulte-Holtey, F. Wichert
(Hg.): Wissenschaft Macht Politik.
Interventionen in aktuelle gesell-
schaftliche Diskurse. Münster 1997,
S. 139−152
Goodstein, E. S.: «The most menda-

cious prototypes have been stolen from life». Femininity and spectacle in Siegfried Kracauer's reading of Weimar mass culture. In: Faultline, Jg. 1992, H. 1, S. 49–67

Jay, M.: Massenkultur und deutsche intellektuelle Emigration. Der Fall Max Horkheimer und Siegfried Kracauer. In: I. Srubar (Hg.): Exil, Wissenschaft, Identität. Die Emigration deutscher Sozialwissenschaftler 1933–1945. Frankfurt a. M. 1988, S. 227–251

–: The Politics of Translation: Siegfried Kracauer and Walter Benjamin on the Buber-Rosenzweig Bible. In: Yearbook of the Leo Baeck Institute, Bd. 21 (1976), S. 3–24

Knops, T. R.: Zwischen Weimar und Hollywood: Zum Widerstreit von Erfahrung und Theorie bei Siegfried Kracauer. In: Rundfunk und Fernsehen, Jg. 36 (1988), H. 1, S. 465–483

Koch, G.: «… noch nirgends angenommen». Über Siegfried Kracauer. In: D. Diner (Hg.): Zivilisationsbruch. Denken nach Auschwitz. Frankfurt a. M. 1988, S. 99–110

–: Die monströse Figur: Das Ornament der Masse. Zu Siegfried Kracauers Konzeption der Selbstrepräsentanz. In: DVjs, Jg. 68 (1994), Sonderheft, S. 61–70

Michael, K.: Walter Benjamin und Siegfried Kracauer in Marseille. In: M. Opitz / E. Wizisla (Hg.): Aber ein Sturm weht vom Paradiese her. Texte zu Walter Benjamin. Leipzig 1992, S. 203–216

Mülder-Bach, I.: «Mancherlei Fremde». Paris, Berlin und die Exterritorialität Siegfried Kracauers. In: Juni, Jg. 3 (1989), Nr. 1, S. 61–72

–: Der Umschlag der Negativität. Zur Verschränkung von Phänomenologie, Geschichtsphilosophie und Filmästhetik in Siegfried Kracauers Metaphorik der «Oberfläche». In: DVjs, Jg. 61 (1987), H. 2, S. 359–373

Nagler, N.: Jacques Offenbachs musikalische Utopie: die Sehnsucht nach der herrschaftsarmen Heimat. Reflexionen zu Siegfried Kracauers Gesellschaftsbiographie des Second Empire. In: Musik-Konzepte 13 («Jacques Offenbach»), München 1980, S. 87–102

Niefanger, D.: Transparenz und Maske. Außenseiterkonzeptionen in Siegfried Kracauers erzählender Prosa. In: Jahrbuch der deutschen Schillergesellschaft, Bd. 38 (1994), S. 253–282

Oswald, S.: «Georg» oder die «Exotik des Alltags». Zu einem Roman Siegfried Kracauers. In: Protokolle, Jg. 1978, H. 2, S. 1–39

Schiller, D.: Zwei Texte Siegfried Kracauers zur Analyse faschistischer Propaganda. In: Beiträge zur Film- und Fernsehwissenschaft, Jg. 29 (1988), Nr. 34, S. 127–137

Schweinitz, J.: Kino der Zerstreuung. Siegfried Kracauer und ein Kapitel Geschichte der theoretischen Annäherung an populäre Filmunterhaltung. In: Weimarer Beiträge, Jg. 33 (1987), S. 1129–1144.

Teyssot, G.: Civilisation du salarié et culture de l'employé. Variation sur Siegfried Kracauer, Ernst Bloch et Walter Benjamin. In: Cahiers de la recherche architecturale, Jg. 1985, H. 15–17, S. 36–41

Witte, K.: Siegfried Kracauer im Exil. In: Exilforschung. Ein internationales Jahrbuch, Bd. 5 (1987), S. 135–149

## Über den Autor

Momme Brodersen, geboren 1951 in Barmstedt / Holstein. Studium der Germanistik, Soziologie, Geschichte und Pädagogik in Hamburg. Lebt seit 1976 in Italien. Zunächst DAAD-Lektor, dann Assistent, heute Professor für Deutsche Sprache und Literatur an der Universität Palermo. Herausgeber und Autor bibliographischer und monographischer Veröffentlichungen zu Walter Benjamin (darunter: Benjamin auf Italienisch. Frankfurt a. M. 1982; Bibliografia critica generale [1913 – 1983]. Palermo 1984; Spinne im Netz. Walter Benjamin: Leben und Werk. Bühl-Moos 1990 [englische Ausgabe 1996]) und Hans Sahl (Hans Sahl. Eine Bibliographie seiner Schriften. Marbach a. N. 1995 [in Zusammenarbeit mit Gregor Ackermann]); Übersetzer; Einzelveröffentlichungen zu Georg Simmel, Siegfried Kracauer, F. C. Delius, Paul Celan u. a. Mitarbeiter verschiedener italienischer und deutscher Zeitungen, Zeitschriften und Rundfunkstationen.

## Dank

Ein besonderes Dankeschön für die Unterstützung bei der Entstehung dieser Veröffentlichung sei Gregor Ackermann, Ingrid Belke, Heinz Brüggemann, Adi Grewenig, Horst Grimm, Elvira Lima, Ingeborg von Lips, Inka Mülder-Bach, Michael Opitz, Ottmar Rammstedt und Erdmut Wizisla sowie den Mitarbeiter/innen folgender Institutionen ausgesprochen: Archiv der Ludwig-Maximilians-Universität, München – Archiv der Neuen Zürcher Zeitung – Archiv der Technischen Hochschule Darmstadt – Archiv der Technischen Universität München – Bibliothek der sozialen Demokratie / Friedrich-Ebert-Stiftung, Bonn – Deutsche Kinemathek, Berlin – Deutsches Literaturarchiv, Marbach a. N. – Exil-Arbeitsstelle der Deutschen Bibliothek, Frankfurt a. M. – Ferdinand-Bruckner-Archiv der Stiftung Archiv der Akademie der Künste, Berlin – Geheimes Staatsarchiv Preußischer Kulturbesitz, Berlin – Handschriften- und Inkunabelabteilung der Bayerischen Staatsbibliothek, München – Jüdisches Museum, Frankfurt a. M. – Max-Horkheimer-Archiv, Frankfurt a. M. – Stadtarchiv Darmstadt.

*Philosophie*

**rowohlts monographien**
Begründet von Kurt Kusen-
berg, herausgegeben von
Wolfgang Müller und Uwe
Naumann.

**Hannah Arendt**
dargestellt von
Wolfgang Heuer
(50379)

**Aristoteles**
dargestellt von J.-M. Zemb
(50063)

**Walter Benjamin**
dargestellt von Bern Witte
(50341)

**René Descartes**
dargestellt von Rainer Specht
(50117)

**Johann Gottlieb Fichte**
dargestellt von
Wilhelm G. Jacobs
(50336)

**Michael Foucault**
dargestelt von
Bernhard H. F. Taureck
(50506)

**Georg Wilhelm Friedrich Hegel**
dargestellt von
Franz Wiedmann
(50110)

**Karl Jaspers**
dargestellt von Hans Saner
(50169)

**Immanuel Kant**
dargestellt von Uwe Schultz
(50101)

**Jean-Paul Sartre**
dargestellt von
Christa Hackenesch
(50629)

Jean-Paul Sartre
Christa Hackenesch

**Karl Marx**
dargestellt von
Werner Blumenberg
(50076)

**John Stuart Mill**
dargestellt von
Jürgen Gaulke
(50546)

**Friedrich Nietzsche**
dargestellt von Ivo Frenzel
(50634)

**Jean-Jacques Rousseau**
dargestellt von
Georg Holmsten
(50191)

**Karl Popper**
dargestellt von
Manfred Geier
(50468)

**Der Wiener Kreis**
dargestellt von
Manfred Geier
(50508)

**Ludwig Wittgenstein**
dargestellt von
Kurt Wuchterl
und Adolf Hübner
(50275)

*rowohlts monographien*